내 아이의 성장을 위한
청소년
대화코칭

내 아이의 성장을 위한 청소년 대화코칭

초판 1쇄 발행 2017년 03월 30일

글쓴이 정왕부

펴낸이 김왕기
편집부 원선화, 이민형, 김한솔
마케팅 임동건
디자인 푸른영토 디자인실

펴낸곳 ㈜푸른영토
주소 경기도 고양시 일산동구 장항동 865 코오롱레이크폴리스1차 A동 908호
전화 (대표)031-925-2327, 070-7477-0386~9
팩스 031-925-2328
등록번호 제2005-24호.(2005년 4월 15일)
전자우편 designkwk@me.com

ISBN 978-89-97348-66-4 13370
ⓒ정왕부, 2017

* 이 책은 저작권법에 따라 보호받는 저작물이므로 무단 전재와 복제를 금지합니다.
* 파본이나 잘못된 책은 구입하신 곳에서 바꾸어 드립니다.

내 아이의 성장을 위한
청소년 대화코칭

정왕부 지음

푸른영토

들어가는 글

　　　　　　　　　　　　　　　　　　　　　　　　　나비효과(Butterfly Effect)란 나비의 날갯짓 같은 아주 작은 일이 폭풍우처럼 커다란 변화를 일으키는 현상을 말합니다. 아무리 사소하고 작은 일이라도 시간이 지나면 예상치 못한 큰 변화를 가져올 수 있다는 뜻입니다.

　　아이들에게 여러가지 행사를 통해 많은 기회를 제공하여 변화에 기여할 수도 있지만 그것보다도 아이 한 명 한 명으로부터 이야기를 듣고 공감하면서 소통을 하고자 하는 바람이 있습니다. 작은 힘이지만 대화코칭을 통한 아이들의 작은 변화가 교실뿐만 아니라 학교, 나아가서는 사회 전체로 퍼져나가 아이들이 행복해질 수 있었으면 좋겠습니다.

　　매년 아이들은 학교생활에 적응하지 못해서 크고 작은 사고가 일어납니다. 이런 와중에서도 "이렇게 해야 한다", "저렇게 해야 한다"라고 대안을 내어놓지만 상황이 그렇게 변하는 것 같지는 않습니다. '그렇다면 나는 무엇을 할 것인가?', '교사로서 내가 해야 할 일이 무엇인가?'를 고민하기 시작했습니다. 그리고 열심히 할 일을 찾아보았습니다. 아이들을 위해서는 백 마디 말보다 나의 작은 실천이 필요하다는 것을 알기 때문입니다.

처음에는 아이들에게 성적을 향상시킬 수 있도록 학습법에 초점을 맞추었습니다. 하지만 아이들과 대화를 나누면서 아이들이 진정 원하는 것이 무엇인지 조금씩 알아채기 시작했습니다. 가장 핵심적인 내용은 "제 이야기를 좀 들어주세요!"였습니다. "제가 이렇게 힘들어요!", "제가 이렇게 아파요!"라는 이야기를 들으면서 아이들은 자신의 이야기를 들어 주기를 간절히 바라고 있었습니다. 그런데 우리들은 "쓸데없는 생각하지 말고 공부나 해!", "부모가 다 해주는데 뭐가 힘들어!", "공부나 열심히 해서 좋은 대학에 가!", "성공해서 잘 먹고 잘살아야지!"와 같은 대답으로 아이의 생각과 아픔을 일축해 버린다고 합니다.

그래서 아이들의 이야기에 귀를 기울이기 시작하였습니다. 참 많은 이야기를 들었습니다. 자신의 심리적 갈등, 선생님과 관계, 친구 관계, 가정문제, 이성 문제, 학습문제, 진로와 진학문제 등 모든 것이 고민의 대상이었습니다. 하지만 제가 해결해 줄 수 있는 문제는 아무것도 없었습니다. 오로지 아이들이 스스로 해결하고 헤쳐 나가야 하는 문제들이었습니다.

저는 그저 아이들의 이야기를 들어주었습니다. 가끔 궁금한 것을 물어보기도 했습니다. 아이들이 돌파구를 찾지 못할 때는 다양한 방향으로 생각할 수 있도록 도와주었습니다. 그러면 아이들은 용하게도 스스로 해결점을 찾아냅니다. 아이들은 "가슴이 시원하다", "가슴이 뻥 뚫린 것 같다!", "선생님께서 이야기를 들어주셔서 고맙습니다"라는 반응을 보였습니다.

때로는 아이들이 나를 성장시키는 스승이기도 했습니다. 아이들이 자신의 속마음을 표현할 때면 미처 내가 생각하지 못했던 부분을 찾아 주었습니다. 대화코칭 도중에 다른 생각을 하고 있으면 나를 일깨워 주었습니다. 그렇게 아이들을 통해 겸손, 인내, 절제력, 침묵, 경청, 질문능력 등을 배웠습니다. 코칭능력이 향상될수록 저 자신도 성장해 나갔습니다.

나에게는 작은 소망이 있습니다. 선생님이 행복한 학교가 되었으면 좋겠습니다. 자신을 잠시 돌아볼 시간도, 책을 한 권 읽어볼 시간도 없는 선생님에게 여유가 필요합니다. 선생님들은 매일 수업과 업무로 바쁜 하루를 보내고 있습니다. 아이들이 고민스럽고 힘든 일이 있어 찾아왔을 때 "왜? 선생님이 바빠서 그러는 데 조금 있다가 오면 안 되겠니?"라고 말하는 것이 아니라 "그래 무슨 일이니?"라고 아이를 바라볼 수 있는 여유가 있는 학교와 선생님이 되었으면 좋겠습니다. 그리고 경청능력을 길러 아이들의 이야기에 귀기울여 들어줄 수 있는 선생님이 되었으면 좋겠습니다. 선생님의 행복이 아이들에게 고스란히 전달될 것이기 때문입니다.

부모님께서도 행복했으면 좋겠습니다. 부모님이 행복하고 편안하면 모든 것이 여유로워져서 아이들의 이야기를 비판 없이 바르게 들을 수 있을 것입니다. 아이들이 부모님에게 숨김없이 모든 것을 의논하고 대화할 수 있는 상대가 되었으면 좋겠습니다. 부모님이 행복해야 아이들이 행복해질 것입니다.

학교에는 몇백 명에서 천 명이 넘는 학생이 있습니다. 그런데 진로전담교사는 한 명 입니다. 학교마다 다르겠지만 우리 학교에서는 진로진학상담을 신청하는 아이들이 많았습니다. 1학기 초에는 진로진학상담을 신청한 학생이 많아 신청한 즉시 상담하기가 어려웠습니다. 학년 초에 진로진학상담을 신청한 학생을 몇 개월 이후에 만나게 되는 경우도 있었습니다. 아이들과 상담시간을 만들기가 가장 어려웠습니다. 아이들은 아이들대로 수업해야 하고 교사는 교사대로 수업과 업무가 있기 때문에 최대한 아이들의 수업시간에는 지장을 주지 않으면서 상담을 해야 했습니다. 많은 아이들과 대화를 나눌 기회를 만들기 위해 노력해 보았지만, 1년 동안 진로-학습 코칭을 위해 만날 수 있는 아이들은 많지 않았습니다.

그래서 생각해 낸 것이 학부모 교육이었습니다. 아이들의 문제는 부모로부터 시작된다는 전문가들의 이야기를 들으면서 부모교육의 중요성을 인식하게 되었습니다. 2012년부터 학부모 교육 프로그램을 자체개발하여 진행하기 시작했습니다. 그렇게 뜨거운 반응은 아니었지만 교육프로그램을 진행하는 동안 많은 학부모님께서 꾸준히 참석해 주셨고 프로그램 내용에 대해서 긍정적인 반응을 보이셨습니다.

학부모 교육프로그램과 그동안 필자가 경험한 내용을 접목시켜 책으로 출간하면 더 많은 아이들에게 도움이 되지 않을까 하는 마음에서 집필을 시작했습니다. 이 책을 통해 아이들의 이야기를 공감하고 경청하여 아이들을 조금이라도 행복을 만들어 줄 수 있었으면 좋겠습니다.

대화코칭을 위해 학교 안과 밖에서 만났던 모든 아이들과 대학생 그리고 직장인에게 고마움의 말을 전하고 싶습니다. 비록 교사로서의 소임과 인연으로 만났지만 이들과 대화를 통하여 저 자신이 한층 성장하게 되었습니다. 또한 대구 경화여자고등학교 이사장님과 교장 선생님, 그리고 응원해 주신 경화여고 선생님과 경암중학교 교장 선생님과 모든 선생님께 지면을 빌어 감사의 말씀을 드립니다.

처음으로 칼럼을 쓸 기회를 주신 인터넷 신문인 양파티브이뉴스(www.yangpatv.kr) 장현준 대표님, 이승로 편집위원장님 그리고 편집위원님들께 감사의 인사를 드립니다. 그동안 딸을 위해 헌신한 아내와 서울에서 열심히 공부하는 딸에게 이 책을 바칩니다.

2017년 봄

CONTENTS

들어가는 글…5

제1장 아이를 변화시키는 대화코칭의 힘

01 대학원 시작, 학습의 어려움에 빠지다 … 16
02 공부 방법을 지도하다! … 19
03 코칭의 매력에 빠지다 … 25
04 코칭의 역사 … 28
05 코칭의 이해 … 30
06 아이들이 말하는 코칭의 효과 … 35
07 코칭은 누가 해야 할까? … 38
08 진로 코칭의 중요성 … 41
09 학습 코칭에서 가장 중요한 것은? … 44
10 아이의 꿈을 찾아가도록 돕는 코칭 … 47
11 코칭은 아이의 습관을 바꾼다 … 51
12 아이의 생각을 끌어내자! … 56
13 일주일 1시간 대화코칭의 힘 … 59
14 아이를 공산품이 아닌 수제품처럼 키우자 … 62

■ 부록 • 66

제 2장 대화코칭을 하기 전 알아야 할 것들

01 무기력에서 벗어나 잠재력을 깨우자!   70
02 생각이 나를 바꾼다   74
03 돌본다는 것의 의미   78
04 말 한마디가 아이의 인생을 바꾼다   82
05 부정과 긍정의 사이   87
06 강요는 동기부여의 적   90
07 열정이 생길 기회를 만들어 주자   95
08 경험을 통해 열정을 일으키자   98
09 소통(疏通)의 중요성   101
10 대화는 캐치볼이다   104
11 아이의 뇌는 '공사중'   107
12 실수와 실패에 관용을 베풀자   111
13 아이 머리에서 잡생각 비우기   115
14 당장 효과가 나지 않아도 기다리자   118
15 0과 1의 세상   121
16 마음의 벽 무너뜨리기   123
17 좋은 습관이 아이의 미래를 만든다   126
18 기대는 하더라도 욕심은 버리자   132
19 코칭을 위한 자세   135

■ 부록 • 139

제 3장 대화코칭은 언제, 어떻게 해야 할까?

01 아이는 칭찬을 갈망한다 — 144
02 아이와 먼저 신뢰관계를 형성하자 — 148
03 신뢰관계를 형성하는 방법 — 152
04 아이와 부모, 누가 변하는 게 좋을까? — 157
05 '맞장구치기'로 시작한 공감(共感) — 161
06 대화의 핵심은 '경청'이다 — 165
07 성적을 향상시킨 경청의 효과 — 168
08 경청, 그 어려움! — 172
09 경청할 에너지가 없다면 대화하지 말자 — 176
10 생각을 끌어내는 질문 — 179
11 간단하고 쉽게 질문하기 — 182
12 유도 질문은 되도록 피하자 — 187
13 때로는 침묵(沈默)을 — 190
14 꿈이 없는 아이는? — 194
15 성적에 집착하지 말자 — 197
16 과거의 성공 경험을 일깨우자 — 200
17 이성친구에 관한 문제 — 204
18 학습 문제에서 휴대폰 문제로 — 208
19 과거·현재·미래 — 213
20 자존감이 중요한 이유 — 216

■ 부록 • 219

제4장 코칭모델의 이해

- 01 스스로 독립할 수 있는 힘을 길러주자   224
- 02 코치의 태도, 선입견 그리고 설렘   227
- 03 코칭모델의 필요성   230
- 04 GROW 코칭모델의 특징   233
- 05 GROW 코칭모델의 단계   236

■ 부록 • 246

마치는 글…249

제 1장
아이를 변화시키는 대화코칭의 힘

01
대학원 시작, 학습의 어려움에 빠지다

　　　　　　　직장생활을 하면서 일반대학원 과정을 이수한다는 것은 쉽지 않은 일이었다. 그래서 늦깎이 학생으로 2003년 영남대학교 산업대학원 컴퓨터정보통신공학과로 진학했다. 지금은 공학대학원으로 이름이 바뀌었지만 그 당시 산업대학원은 전문적인 능력을 향상시키기를 원하는 직장인들을 위한 제도였다. 주로 야간에 수업이 있으며 일주일에 2~3일 정도 집중적으로 수업을 받는 과정이었다. 직장생활에 대한 부담을 최소화할 수 있었다. 직장생활에 지장을 주지 않으면서 자신의 발전을 위하여 학업을 수행할 수 있는 좋은 제도였다.

　직장생활을 하면서 공부한다는 것은 어려운 일이었다. 처음에는 얕은 생각으로 쉽게 공부해보고자 하는 마음과 제대로 해보고자 하는 두 갈래의 마음을 가지고 있었다. 수업시간에 대한 부담을 줄이기 위한 것도 있지만 조금은 쉽게 공부하고자 하는 얄팍한 마음이었다. 그 때문에 야간에 수업하는 산업대학원을 선택한 것 같기도 하다. 그리고 이왕 하는 김에 일반대학원생 못지않게 열심히 공부해보고자 하는 마음도 있었다.

면접 보는 날, 대학원 진학을 위해 상담을 했던 교수님에게 인사하기 위해 찾아갔다. "오늘 대학원 면접을 받으러 왔는데 인사를 드리려고 찾아왔습니다"라고 말씀드렸더니 교수님께서는 여러 가지 조언을 해주시고 합격을 하면 다시 찾아오라고 말씀을 하셨다. 대학원 합격통지를 받은 날 교수님을 다시 찾아가서 대학원 생활과 전공에 대한 여러 가지 이야기를 나누었다. 교수님은 연구실에서 학업을 수행하고 싶다는 부탁을 흔쾌히 들어주시고 곧바로 자리를 마련해주셨다. 기쁜 마음으로 그 다음날부터 연구실에 나가서 열심히 공부하기 시작했다. 여기까지 참 좋았다.

30대 후반의 남성이 입학식도 하기 전에 연구실에 들어가서 자리를 잡고 컴퓨터공학을 공부하기 시작했지만 그게 어디 쉬운 일인가? 그것도 학부 전공도 아닌 것을….

연구실 생활을 시작하면서 멤버들에게 이것저것 물어보며 생활과 규칙에 대해서 익히고 무엇을 준비해야 할지 대학원 공부는 어떻게 하는지 조금씩 배워나갔다. 그리고 연구실 생활에 어느 정도 익숙해질 때쯤 어려움이 나타나기 시작했다.

휴식시간이나 세미나 시간에 연구실 멤버들과 함께 연구하는 분야에 대해 여러 이야기를 나누게 되면 대화 내용을 다 이해할 수 없을 때가 종종 있었다. 분명 연구실 멤버들은 한국말로 대화하고 있는데 그 말뜻을 하나도 알아들을 수 없었다. 그때부터 대학원 진학에 대한 후회가 밀려왔다. 그만두고 싶다는 생각이 머릿속에서 요동치기 시작했다. 개인적으로 컴퓨터 관련 연수도 많이 받았고 부족한 부분은 컴퓨터학원에 다니면서 공부도 많이 했다. 프로그램 언어인 COBOL로 성적처리 프로그램을 만들어서 학교에서 사용했었고, C 프로그래밍도 공부하였다. 운영체제 중 하나인 'LINUX'에 대해서 강의를 할 정도로 실력을 키우기도 했지만 연구실 멤버들의 대화는 뭐가 뭔지 전혀 감을 잡을 수가 없었다. 이런 상태가 오랫동안 계속되었다.

마음을 다시 잡고 모든 것을 처음부터 새로 시작해야겠다고 결심했다. 컴퓨터공학에 대한 전문적인 용어부터 하나씩 제대로 익혀나가야 했기 때문에 공부를 하는 시간이 절대적으로 부족했다. 무엇보다 효율적으로 공부하는 방법이 절실하게 필요했다. 평생 한 번도 해보지 않았던 '공부하는 방법'을 공부한다는 것은 조금 이상해 보였지만 이렇게라도 하지 않으면 도저히 대학원 과정을 따라갈 수 없을 것 같았다. 그 뒤 '공부하는 방법'을 공부하기 시작하면서 조금씩 과정에 익숙해지고 대학원 과정을 공부하는 데 적응해 나갔다.

02
공부 방법을 지도하다!

내일의 문맹자란 읽지 못하는 사람이 아니라 '배우는 방법'을 배우지 못한 사람일 것이다. ― 미래의 충격, 앨빈 토플러, 범우사

책을 통해 다양한 공부 방법을 실행하면서 조금씩 효과가 나타나기 시작했다. 대학원 과정을 수행하는 것도 익숙해지고 연구실 멤버들과의 대화도 순조롭게 진행되면서 공부하는 방법의 중요성을 인식하게 되었다. '공부하는 방법'을 통하여 대학원 과정이 원활하게 진행되면서 작은 욕심이 생겼다.

'그동안 배우고 익힌 공부하는 방법(행복한 코칭 즐거운 공부, 푸른영토 참고)을 학교에서 아이들에게 적용해 보면 어떨까?'라는 엉뚱한 고민을 하게 된 것이다. 필자가 했던 공부하는 방법을 그대로 아이들에게 적용하는 것은 아직 공부의 중요성에 대해서 잘 이해하지 못하는 아이에게 무리인 것 같아서, 아이들에게 잘 맞는 방법 위주로 고민하게 되었다.

새 학기가 시작되어 수업 중에 '공부하는 방법'에 대해 설명하고 관심이 있는 학생들은 필자를 찾아오면 도와주겠다고 했다. 그 뒤 몇 명의 아이들이 찾아왔다. 학교에서 공식적으로 진행하는 과정이 아닌 개인적으로 진행하는 과정이었기에 아이들을 지도하기 위한 시간과 장소가 마땅치 않았다. 고민 끝에 점심시간, 청소시간과 같은 수업에 지장을 주지 않는 시간을 활용하고, 장소는 과학실, 방송실과 같은 조용한 곳을 골라 지도하기 시작했다.

교과 수업, 업무, 대학원 공부와 같은 많은 일로 힘든 시기였지만 아이들에게 '공부하는 방법'을 가르쳐 주면서 작은 보람을 느꼈다. 지도했던 몇몇 아이들에게서 성과가 나타나기 시작했기 때문이다. 2~3개월 기간 동안의 지도로 학생 개인의 전체평균 점수가 7~8점 정도 상승하였고 평균점수가 최대 14.9점까지 향상하는 아이도 있었다. 그 당시 중학생으로서는 드문 일이었지만 토익 시험을 준비하는 아이가 있었는데, 필자에게 공부하는 방법을 배우고 나서 토익점수 중에 어휘점수가 50점이나 상승했다는 이야기도 있었다.

그 뒤 새로운 고민이 시작되었다. 똑같은 공부 방법을 지도하였는데도 불구하고 변화가 없거나 오히려 퇴보한 아이다. '어떻게 해야 할 것인가?' 아이들에게 공부하는 방법을 계속 지도하면서 오랫동안 연구했다. 자료도 찾아보고 교육과 학습방법에 대한 다양한 책들도 읽어보았다. 아이들과 상담을 하면서 특성을 파악하고 생각과 고민을 한 끝에 찾아냈다. 학습에 대한 습관이었다. 어릴 때부터 학습에 대한 습관이 잘 형성되지 않은 아이들에게 어느 날 멋진 공부 방법을 알려준다고 해서 성장할 수 없다는 것을 깨닫게 된 것이다.

그렇다면 '학습습관을 형성하기 위해서 어떻게 해야 할 것인가?'의 문제가 남았다. 아이들에게 학습습관을 형성할 수 있도록 이런저런 다양한 방법을 해보라고 권유를 해보았지만 변화가 거의 없었다. 공부에 대해 약간의 관심이 있었기에 찾아왔지만 필자의 어떠한 조언도 "네 알겠습니다. 열심히 해보겠습니다"라고 대답하는 그 순간뿐이었다. 필자가 아무리 좋은 조언을 해주어도 아이들의 행동으로 옮기기는 무척 어려웠다. 아이들이 직접 행동으로 옮길 수 있는 방법을 찾아야만 했다.

이런 고민을 해결하기 위해서 찾게 된 것이 '학습 계획표' 작성이었다. 처음에는 시중에 판매하는 학습 계획표를 구입하여 사용했다. 판매하는 대부분의 학습 계획표는 시간 중심으로 계획을 짤 수 있도록 만들어져 있었다. 자신의 시간을 잘 관리하고 통제할 수 있는 아이들은 학습 계획을 잘 진행하였다. 하지만 시간 관리가 중심적인 계획에 익숙하지 않은 아이들에게는 어려운 일이었다. 잠시 다른 생각이나 행동을 하게 되면 정해진 시간에 정해진 학습을 수행하지 못하는 경우가 생겼다. 이러한 상황이 반복되면서 아이들은 "공부하기 싫어요!", "힘들어요!", "나는 왜 안될까요?" 등 학습에 대한 실패와 좌절감을 느끼면서 포기하는 경우가 나타나기 시작했다.

그래서 새로운 학습 계획표를 찾아야 했다. 몇 시에서 몇 시까지 무엇을 해야 한다는 학습시간 중심 계획표가 아닌 학습량에 초점을 맞춘 계획표가 필요했다. 몇 가지 계획표를 사용해 보았지만 예상하지 못했던 단점이 나타났다. 그것을 보완하기 위해 만들게 된 것이 다음과 같은 '일일 학습 계획표'였다.

'일일 학습 계획표'를 개발하면서 아이들이 계획표를 작성하기 쉽고 간편해야 한다는 점에 초점을 맞추었다. 일주일 동안 작성한 계획과 실행을 한눈에 보면서, 자신이 어떤 계획을 세우고 실행했는지에 대해 그 과정과 결과를 확인할 수 있어야 한다는 점과 필자가 지도하기 편리해야 한다는 등 몇 가지 조건을 기반으로 만들게 되었다.

오늘의 할일

	년 월 일~ 월 일		학교 학년 반 번 이름	
	할일(매일 6~10항목 기록) [아침 : 계획, 저녁 : 확인]			
월 (일)		월 (일)		
월 (일)		월 (일)		
월 (일)		월 (일)		
월 (일)		월 (일)		

이렇게 만들어진 '일일 학습 계획표'를 가지고 아이들과 일주일에 한 번씩 만나 확인해 보았다. 학습량에 중심을 두고 진행 상황을 체크하면서 서로

의견을 교환하였다. 아이들은 이 계획표를 통해 학습습관이 형성되어 책상에 앉아 있는 시간이 많아졌다고 한다. 학습에 대한 성취감을 느끼게 되었고 학습에 대한 집중력이 향상되었다고 한다.

모든 것이 일장월취 잘 되어가는 듯했다. 어느 날 학부모 한 분이 찾아오지 않았다면 말이다. 학부모 한 분이 찾아오셔서 필자가 아이들에게 학습방법에 대해 지도한다는 것을 듣고 왔다며 자신의 아이에게 지도를 좀 해달라고 부탁하셨다. '얼마나 답답하였으면 담임도 아닌 나에게 부탁을 하실까?' 라는 생각에 그렇게 하겠다고 했다.

갑자기 새로운 일정이 하나 더 생겼다. 학부모께서 부탁하신 아이와 대화할 시간이 없었다. 그래서 아이와 의논하여 모든 일과를 마치고 나서 지도하기로 했다. 모든 아이들이 하교한 이후의 시간을 이용하여 일주일에 한 번씩 만나 '일일 학습 계획표'를 점검하면서 진행하기로 했다. 공부에 관심이 없던 아이가 처음부터 '일일 학습 계획표'를 잘 작성한다는 것은 쉬운 일이 아니었다. '일일 학습 계획표'를 작성해 오면 잘한 부분에 초점을 맞추어 칭찬하고, 부족한 부분을 보완하면서 지도를 해나갔다.

그런데 일주일, 2주일…4주일…. 시간이 아무리 지나도 변화가 없었다. 오히려 '일일 학습 계획표'를 작성해 오는 것이 숙제처럼 되어 버렸다. 때로는 검사를 받기 위해 거짓으로 작성하는 경우가 종종 발견되었다.

'도대체 무엇이 잘못되었을까?' 필자는 이 시기에 아이들에게 학습방법을 지도하면서 한층 자신감을 가지고 있었던 시기였다. '일일 학습 계획표' 하나만 가지고도 아이들이 성장하는 것을 보면서 보람을 느끼고 있었다. 그래서 이것마저도 안되는 아이가 있다는 사실에 조금 좌절감을 느꼈다. '일일 학습 계획표'를 통하여 학습습관을 형성할 수 있도록 도와주면 성적향상을 위한 필요충분조건이 될 것이라고 굳게 믿고 있었기 때문이다.

 오랜 고민 끝에 찾아낸 것이 학습 동기였다. 학습에 관한 동기가 부족한 아이들은 '학습방법', '일일 학습 계획표'를 통한 '학습습관 형성' 등 어떠한 방법을 사용해도 소용이 없다는 것을 실감했다.

03
코칭의 매력에 빠지다

동기?'motivation' 이론적으로 내재적 동기, 외재적 동기, 어쩌고저쩌고…. 필자에게는 이런 것보다는 '어떻게?(how)'가 중요했다. "어떻게 하면 아이들에게 학습 동기를 부여할 수 있을까?" 이것이 최대의 고민거리가 되었다. 그래서 필자는 아이들의 동기부여에 대한 다양한 방법을 배우기 위해 다른 학교에서 연구수업을 할 때면 교과목이 달라도 자원해서 참석하기도 했다. 심지어는 시범학교, 연구학교 발표뿐만 아니라 선배 선생님들께 자문을 구해 보았지만 돌아오는 대답은 "잘 모른다"였다. 때로는 "그것만 알 수 있으면 아이들을 가르치는 것은 식은 죽 먹기보다 쉽다"라는 대답을 듣기도 했다. 답답한 마음에 각종 교육연수에 참여하고 동기와 관련된 책과 자료를 찾아 읽었다.

그러던 중 『질문의 효과』(이언 쿠퍼, 대교북스캔)라는 책을 읽으면서 작은 실마리를 찾을 수 있었다. 질문을 하면 아이들의 생각을 끌어내고 사고를 확장하여 스스로 자기 주도적인 태도를 보일 수 있을 것 같았다. 그래서 '질문'이라는 키워드를 가진 책을 닥치는 대로 읽어 보았다. 질문은 아이들의 학습 동기를 변화시키는 작은 도구가 될 수 있지만 질문에 대하여 공부하면 할수록 필자가 원하는 학습 동기에 대한 전체적인 그림을 그릴 수가 없었다.

상담(counseling) 공부를 해볼까 했다. 상담은 대학원 과정도 있고, 교육청에서 실시하는 연수과정도 있어서 쉽게 접근할 수 있기 때문이었다. 이렇게 고민하던 중에 '코칭(coaching)'을 알게 되었다. 상담과 코칭은 전체적인 부분에서 특별한 차이점을 찾지 못했지만 『마법의 코칭』(에노모토 히데타케, 새로운 제안)이라는 책을 통해 「코칭의 3대 철학」을 만나면서 코칭의 매력에 푹 빠져들었다.

코칭의 3대 철학
1. 모든 사람에게는 무한한 가능성이 있다.
2. 그 사람에게 필요한 해답은 모두 그 사람 내부에 있다.
3. 해답을 찾기 위해서는 파트너가 필요하다.

모든 사람에게 무한한 가능성(잠재력)이 있다는 가정하에 스스로 문제의 답을 가지고 있다고 한다. 이것보다 더 좋은 방법은 없었다. 코칭을 하는 입장에서도 힘들지 않고 코치(coach)가 직접 해결방법을 알려주는 것이 아니라 스스로 해결방법을 찾아가도록 도와주기만 하면 되기 때문에 코치의 전문적인 지식이 없어도 가능할 것 같았다.

  코칭을 공부하면 할수록 그 매력에 점점 빠져 들었다. 잠재력, 공감, 경청, 질문, 칭찬 등을 사용할 때마다 아이의 작은 변화를 느끼는 것보다 더 기쁘고 즐거운 보람은 없었다. "오늘은 어떤 아이를 만날까?", "지난주에 만난 아이는 이번 주에 어떤 모습으로 변화되어 올까?" 하는 기대감에 설레이며 아이들을 만나게 되었다.

04
코칭의 역사

'코치(coach)'의 어원은 헝가리의 도시 코치(Kocs)에서 개발된 네 마리의 말이 끄는 마차에서 유래한다. 전 유럽으로 퍼진 이 마차는 코치(Kocsi) 또는 코트드지(Kotdzi)라는 명칭으로 불렸으며, 영국에서 코치(coach)라고 했다.

1840년대 영국에서 개인지도교사(tutor)를 코치라고 부르기도 했으며, 1880년부터 운동선수를 훈련시키는 사람을 지칭하기 시작했다. 초창기에는 코쳐(coacher)라고 불렸기 때문에 지금도 미국 메이저리그에서 1루와 3루에 코치의 위치를 coacher's box라고 부른다.

1980년 초 재무 플래너인 토마스 레너드가 사람들의 유독 다른 재무 플래너에 비해 고객이 많고 만족도가 높았다. 재무관리를 돕는 과정에서 그의 상담방법에 관심을 가지고 살펴보았다. 토마스는 일방적으로 자신의 정보를 알려주기보다는 상대방의 생각을 물어보았다. 이후 토마스의 상담방법을 구체화시켜 확산되기 시작한 것이 사람의 발전을 돕기 위한 코칭이 되었다.

  이러한 상담 방법에서 코칭이라는 이름은 스포츠의 코치에서 따온 것이라고 한다. 스포츠 코치의 역할은 자신이 직접 경기를 하는 것이 아니라 선수를 훈련시키고 육성하여 경기를 잘할 수 있도록 도와주는 것이다. 이처럼 사람들의 성장을 도와주는 코치도 자신이 직접 일을 하는 것이 아니라 어떤 일을 더 잘할 수 있도록 도와주는 역할을 하는 것이다.

  이것이 점점 발전되어 1992년에 토마스 레너드에 의해 코치 대학(coach U)이라는 최초의 전문기관이 설립되었고, 1995년에는 국제코치연맹(ICF : International Coach Federation)이 설립되었다. 현재 우리나라에서도 2003년 (사)한국코치협회(http://www.kcoach.or.kr/)가 설립되어 많은 코치들을 양성하고 있다.

05
코칭의 이해

　　　　　　　　우리는 편의상 사람들을 여러 가지 유형으로 분류한다. 'DISC 행동유형검사(Dominance:주도형, Influence:사교형, Steadiness:안정형, Conscientiousness:신중형)'는 4가지로 분류하고, 홀랜드(Holland) 검사는 6가지(R:실재형, I:탐구형, A:예술형, S:사회형, E:진취형, C:관습형)로 분류한다. '가드너(Gardner)의 다중지능검사(언어 지능, 논리수학 지능, 공간 지능, 자연친화 지능, 신체운동 지능, 음악 지능, 자기 성찰 지능, 인간친화 지능)'에서는 8가지로 분류하고, 'MBTI 성격유형 검사'는 무려 16가지로 분류한다.

　필자도 처음에는 아이들의 성향을 조금이라도 더 이해하려는 생각 때문에 이런 검사를 선호하였다. 검사의 결과를 가지고 아이들과 대화를 하면 아이들의 모든 성향을 이해하는 듯, 아이들의 모든 것을 알고 있는 것 같이 대화를 시작했다.

하지만 어느 정도 시간이 지나면서 가끔씩 방해가 된다는 것을 깨달았다. 검사결과 때문에 아이에 대한 선입견이 생겨 오해가 생기기도 하고, 검사결과를 은근히 아이에게 강요하는 일도 발생했기 때문이다.

아이들과 대화 경험이 쌓이면서 작은 의문이 떠오르기 시작했다. '사람을 특정한 범주에 가두어 분류해도 될까?'라는 생각이 머릿속을 떠나지 않았다. 한 명도 똑같은 성향을 가진 아이가 없었기 때문이다. 검사결과에 따라 "너는 어떤 성향이고…", "너는 어떤 성격이고…" 등을 이야기하는 것이 아이들을 어떤 범주에 한정지어 아이의 능력을 재단하는 것은 아닌가 의심하게 되었다.

이 작은 의심을 통해 배운 것은 '아이들의 잠재능력은 무한하다!'라는 것이었다. 아이들을 가르치는 입장에 있는 사람들이 아이들에 대해서 자기 생각대로 재단하고 분류하고 가르치려고 한다는 것을 알게 되었다. 어릴 적부터 아이의 능력을 무의식적으로 한계짓고 스스로 능력을 발휘할 수 없다는 생각에 갇혀 지내도록 세뇌시켰다.

"네가 그것을 하겠니?", "설마 네가?", "너는 이런 사람이 되어야 해!" 등과 같은 말로 아이가 자신의 능력을 발휘하기도 전에 꺾어버리는 경우도 종종 발생한다. 그래서 아이들 스스로 자신의 한계를 벗어나서 새로운 것에 도전하고 열정을 발휘할 수 있는 힘이 부족하다는 것을 느꼈다. 자신의 가슴 속에 잠재된 열정과 도전 정신을 발휘할 수 있도록 도와줄 수 있는 무언가가 필요했다.

인간은 거대한 떡갈나무로 성장할 가능성을 지닌 도토리와 같다고 한다. 우리는 성장하기 위해 영양분, 격려, 빛이 필요하지만, 떡갈나무로 성장할 가능성은 이미 우리 내면에 잠재되어 있다. ― 코칭 리더십, 존 휘트모어, 김영사

코칭은 개인이나 집단이 현재의 상태보다 더 나은 방향으로 발전할 수 있도록 도와주는 것을 말한다. 과거의 힘들었던 일을 극복하거나 일상을 무기력하게 살고 있는 사람을 도와주기보다는 자신의 능력을 더 많이 발전하도록 지원해 주는 것이다. 과거의 상처를 치료하기보다는 현재 자신의 상태를 점검하여 미래를 향해 더 발전하는 방법을 스스로 찾을 수 있도록 해주는 것을 의미한다. 또한 자신의 부정적이고 부족한 에너지에 초점을 맞추어 극복하는 것이 아니라, 앞으로 무엇을 어떻게 할 것인지에 대해 인식하고 자신의 긍정적인 능력을 발전시키는 데에 중심을 둔다. 과거에 부족하고 어려웠던 상황에 대해 치유하는 것이 아니라, 미래의 자신에 대해 발전하고 성장에 관한 대화를 나누는 것이다.

코칭에 대한 개념은 『마법의 코칭』(에노모토 히데타케 지음, 새로운 제안)에 그 설명이 잘되어 있어 아래와 같이 인용한다.

첫 번째 상황. 어떤 사람이 길을 걷고 있었다. 주위를 두리번거리며 걷다가 전방에 있는 '공사중'이라는 푯말을 미처 보지 못한 그는 그만 맨홀 속에 빠져버리고 말았다. 그 맨홀은 꽤 깊어서 혼자 힘으로는 올라올 수 없었다. 그는 "도와주세요!"하며 큰 소리로 도움을 요청했다. 다행히 그곳을 지나가

던 행인이 밧줄을 이용해 그 사람을 끌어 올려주었다.

여기서 이 상황은 서포트일까(support), 헬프(help)일까?

다음은 두 번째 상황. 어떤 사람이 사다리를 이용해 높은 곳으로 올라가려고 했다. 그런데 사다리를 놓아둔 장소가 지면이 고르지 못했던 탓인지, 사다리가 흔들거렸다. 그냥 올라가도 크게 무리는 없을 듯했지만, 만일의 사태를 위해 그는 "도와주세요!"하며 큰 소리로 도움을 요청했다. 마침 그곳을 지나가던 행인이 사다리가 흔들거리지 않도록 아래에서 확실하게 붙잡아 주었다.

그렇다면 이는 서포트일까, 헬프일까?

(중략)

코칭의 목표로 하는 것은 무력한 부하를 위로 끌어 올려주는 헬프가 아니라, 원래 유력한 부하를 아래에서 떠받쳐줘서 그 부하가 지닌 능력이나 가능성을 한층 더 발휘할 수 있도록 지원하는 서포트인 것이다.

학교에서 '열심히 공부하는 아이들'은 가만히 두어도 잘한다. 자신이 해야 할 일이 무엇인지 체계적이고 계획적으로 행동하며 자기 자신을 관리하는 측면이 우수하다. 이런 아이들은 누군가가 간섭을 하게 되면 오히려 생활리듬이 흐트러지기 때문에 도움이 되지 않는다. 그냥 아이가 하는 대로 가만히 지켜보는 것이 최선의 일이다.

요즈음 청소년에게서 다양한 문제가 발생하고 있다. 가출, 자퇴, 왕따, 자살, 학교생활 부적응 등으로 사회적 이슈가 되고 있다. 이러한 문제를 해결하기 위해서 교육부와 교육청 그리고 학교에서 많은 노력을 기울이고 있다. 대표적으로 'Wee 클래스', 'Wee 센터' 등이 있으며, 전문상담가가 아이들의 문제를 해결하기 위해 학교를 방문하여 상담활동을 하고 있다. 전문상담교사가 배치된 학교도 있다. 이처럼 '학교생활을 힘들어하는 아이들'을 위해서도 많은 지원을 하고 있다.

 필자가 집중하고 있는 부분은 '중간 계층 집단'이다. 필자가 학교에서 진로-학습 코칭을 하면 제일 많이 찾아오는 집단이기도 하다. 이러한 아이들은 중간쯤 자신의 능력을 발휘하기 때문에 "조금만 더 노력해봐!", "그 정도만 하면 됐어!" 등과 같은 이야기를 하지만 더 이상 어떻게 하라는 방법론적인 부분에서 조언이나 충고를 듣지 못하는 경우가 많다.

 무언가 더 열심히 하고 싶고 노력도 하고 싶지만 이런 아이들을 위해 도와줄 수 있는 곳을 찾기가 쉽지 않다. 이 계층에 있는 아이들은 '열심히 하는 아이들'과 '학교생활을 힘들어하는 아이들'에게 비해 도움받을 기회가 우선순위에서 밀린다. 그래서 이 아이들에게는 도움(help)보다 지원(support)이 더 필요하지 않을까 생각한다.

06
아이들이 말하는 코칭의 효과

　　　　　　　　　필자가 처음 아이들을 지도하기 시작한 것은 공부하는 방법이었다고 밝혔다. 이후 여러 가지 문제점을 해결하기 위해 도달한 것이 코칭이다. 코칭을 처음 만나고 나서 코칭의 효과에 대해서 "과연 그렇게 될까?"라는 의문을 가진 것도 사실이다. 코칭의 효과에 대해 신뢰감을 가지기에는 경험이 부족한 탓도 있었겠지만 처음 만나는 기술에 대한 의심이 앞섰기 때문이었다. 하지만 코칭이라는 기술을 사용하면 할수록 만족스러운 결과로 이어져 믿음과 신뢰가 듬뿍 생겨났.

　교사로서 가장 빠르고 확실하게 효과가 나타나는 것은 아이들의 성적이다. 코칭이 아이들의 성적향상을 목표로 시작한 일이었지만 시간이 지날수록 긍정적인 생각, 자신감, 믿음, 시간 관리, 끈기, 부모와 대화, 진로 등 성적 이외의 효과가 많이 나타났다. 결국 성적은 부수적인 것일 뿐이었다.

코칭에 대한 효과를 뭐라고 이야기한들 소용이 있겠는가? 다음은 아이들이 진로-학습 코칭을 마치고 간단하게 작성한 소감문이다.

코칭 후 달라진 점

고등학교 'P' 학생

- 시간을 어떻게 쓰면 효율적으로 쓸까를 생각하게 되었다.
- 긍정적인 생각을 많이 하려고 노력한다.
- 끈기를 가지려고 노력한다.
- 한 주 한 주 마음이 편안하다.

고등학교 'K' 학생

- 자기주장이 확실하고 체계적, 논리적인 설명(화술)을 잘할 수 있게 되었다.
- 자신에 대해 생각하는 시간을 가지게 되었다. (소중한 것이라고 인식)
- 긍정적인 마인드가 늘어났다.
- 스트레스 해소가 된다.
- 어떤 말을 어떻게 시작할지 논리적으로 생각할 수 있게 되었다.
- '어른'에 대한 반감이 줄었다.
- 자신을 지지해 주는 사람이 있다는 것을 알게 된 기쁨

고등학교 'J' 학생

- 공부하는 것을 구체적으로 계획을 잡고 하는 것
- 집중력이 늘어난 것
- 내가 미래에 무엇을 하고 싶은지 좀 더 알게 된 것
- 말을 좀 더 잘할 수 있게 된 것
- 화를 덜 내게 된 것
- 내 장점이 뭔지 알게 된 것
- 단점을 장점으로 바꾸는 능력
- 새로운 공부법을 알게 된 것
- 성적이 오른 것

아이들이 작성한 내용을 보면 자신을 알아가는 것부터 시작해서 자신을 관리하고 통제하는 능력까지 향상되는 것을 볼 수 있다. 자신감, 끈기, 집중력, 계획성, 대화술, 화(anger) 통제, 기성세대에 대한 반감을 줄인 것까지 이루 말할 수 없다.

코칭을 통해 자신이 원하는 것이 무엇인지, 지금 필요한 것이 무엇인지 알아가는 아이들을 볼 때면 코칭의 매력에 푹 빠질 수밖에 없지 않을까?

07
코칭은 누가 해야 할까?

　　　　　책을 통해 코칭을 처음 만나고 나니 교육 프로그램을 통하여 새로운 뭔가를 배워야겠다는 생각이 들어 알아보기 시작했다. 하지만 막상 찾아보니 내가 사는 곳뿐만 아니라 가까운 도시에도 찾기가 어려웠다. 대부분 서울에서 코칭 교육이 이루어졌기 때문에 지방에서 코칭 프로그램 교육을 찾기란 더더욱 어려웠다. 결국 많은 경비와 시간을 지불하면서 서울까지 배우러 갈 수밖에 없는 처지였다. 그때만큼은 서울에 사는 것이 부러웠다.
　이렇게 어렵게 배운 코칭이 필자에게는 너무 소중하고 귀하게 여겨졌다. 매일 하루도 빠지지 않고 복습하고 책을 읽으면서 나만의 소중한 지식을 가졌다는 생각에 한껏 부푼 마음으로 열심히 공부하였다. 아이들의 성장을 보면서 보람을 찾기도 했다.

  시간이 지나면서 코칭이 익숙해지고 몸에 익어갔다. 처음에는 그렇게 어렵게 느껴졌던 코칭이 마치 가볍게 모자를 바꾸어 쓰는 것 같이 익숙해졌다. 그러면서 '코칭 교육 프로그램에서 배운 내용이 어렵게 느껴졌던 이유가 무엇일까?', '이렇게 배우기가 어렵다면 전문지식을 가진 사람만이 코칭을 해야 하는가?'라는 의문이 생기기 시작했다. 누구나 코칭을 쉽게 배워 생활에 적용하면 좋겠다는 작은 소망이 생기기 시작했다.

  다음은 인터넷에서 가져온 보통의 대학 수영팀을 최고의 팀으로 성공시킨 한 헝가리 수영코치의 이야기다.

〈Life Coaching Explained — 라이프 코칭이 이야기해주는 것〉

  내 친구는 한때 헝가리 수영 코치에 대한 이야기를 들려준 적이 있다.

  그는 대학교 수영팀 코치였다. 그는 팀이 리그에서 중간 정도 성적일 때 팀을 맡기 시작했고, 불과 2년 만에 그저 그랬던 선수를 대학 수영대회에서 우승자로 만들어 놓았다. 승리를 만끽하면서, 많은 학생들이 그들의 코치를 수영장에 던져 넣었다.

  이 코치는 그 팀에서도 수영을 가장 잘하는 사람이 아니었다. 사실 그는 수영을 전혀 할 줄 몰랐다. 그러나 그가 정말, 정말 잘하는 것은 다른 사람의 능력을 이끌어내어 최고의 수영선수로 만드는 데 도움을 주는 것이었다.

(This coach wasn't the best swimmer of them. In fact, he couldn't swim at all. But what he was really, really good at was helping others become the best swimmers they can be.)

나는 라이프 코칭이 효과가 있는지에 대해 일말의 의문을 품는 사람들을 만날 때면 이 일화를 언급했다. 라이프 코치는 당신과 비교하면 인생에 대해 더 나은, 더 숙련된 경험을 갖고 있지 않다. 그는 단지 뇌가 작동하는 방법에 대해 좀 더 깊은 이해를 하고 있다는 것이다. 또한 어떤 것이 더 깊은 곳으로 당신을 이끄는지, 그리고 진짜 현실 세계를 그와 연결하는 방법을 당신이 잠재적으로 이해하도록 당신의 사고 방향을 지도해 주는 데 아주 밝다.

일반적으로 수영할 수 없는 사람에게 수영 코치를 맡긴다는 것은 상상하기 어려운 일일 것이다. 하지만 그 수영할 줄 모르는 사람이 수영선수를 코칭했다. 수영에 대한 전문 지식이 없지만 중간 정도의 실력을 갖춘 대학 수영팀을 우승팀으로 만들어 놓았다.

여기서 코칭의 매력이 있다. 누구나 특정한 부문에 전문지식을 가진 사람이 아니더라도 코치의 역할을 할 수 있다. 삶에 대한 통찰력과 직관력이 조금이라도 있다면 코칭을 할 수 있다는 것을 의미한다. 코치와 아이는 전문가와 비전문가와 같은 관계라기보다는 서로 대등한 입장에서 같은 방향을 바라보며 대화를 나눌 수 있는 파트너의 관계이기 때문이다.

08
진로 코칭의 중요성

아이 : 선생님! 저 좋은 대학교 가고 싶어요. 성적을 올리는 방법 좀 가르쳐 주세요.

나 : 왜 좋은 대학교에 가려고 하는데?

아이 : 돈 많이 벌려고요.

나 : 돈 많이 벌어서 뭐하려고?

아이 : 취미생활도 하고 편하게 잘 살려고요.

나 : 편하게 잘 산다는 것이 너에게는 어떤 의미가 있니?

아이 : ……!

고도원 선생님의 『꿈 너머 꿈』(나무생각)이라는 책이 있다. 이 책의 처음 부분에 이와 비슷한 내용이 나온다. 요즈음 아이들이 꿈이 없다는 것이다. 필자도 역시 아이들과 코칭을 하면서 다반사로 겪는 일이다.

아이들에게 꿈이 무엇이냐고 물어보면 대부분의 아이들은 묵묵부답이다. 그리고 몇몇 아이들이 의사, 교사, 경찰, 변호사, 간호사 등 많은 꿈을 이야기한다. 그런데 이것이 꿈일까? 필자는 이것은 꿈을 이루기 위한 도구로서 직업이라고 생각한다. 아이들은 직업과 꿈을 제대로 구분하지 못한다. 이제는 아이들이 꿈을 찾을 수 있도록 도와주어야 한다.

우리 사회는 진로교육보다 진학지도에 집중되어 있다. 사회적 분위기가 아이들이 대학입시를 치르고 대학에 들어가면 인생의 모든 것이 성공한 것처럼 행동하게 한다. 인생의 전반에 걸쳐져 있는 진로보다 상급학교로 옮겨가는 진학에 모든 것을 우선시하고 있다. 우선 진로교육과 진학지도에 대해서 간단하게 이야기해 보도록 하자.

진로교육(career education, 進路 教育)은 사람들의 다양한 능력을 통해 전 생애 동안 행복한 인생을 살아갈 수 있도록 하는 것으로서 미래 지향적인 의미를 가진다. 반면 진학지도(educational guidance, 進學指導)는 아이들에게 상급학교 선택을 위해 필요한 지도로서 현재 지향적인 의미를 가진다. 즉, 진학지도는 상급학교를 선택하고 나면 더 이상 필요하지 않은 부분이다. 물론 대학원에 진학할 수도 있지만, 일반적으로 고등학교, 또는 대학교에 입학하고 나면 진학지도는 더 이상 필요 없다.

진학지도는 사람들이 살아가는 전 생애의 한 부분에 불과하다. 일생을 살아가며 지식과 정보를 습득하기 위한 학업을 수행하는 과정에서 진학지도가 일어날 뿐 전 생애를 차지하지는 않는다. 따라서 다음 그림과 같이 진로교육이 진학지도를 포함한다고 할 수 있다.

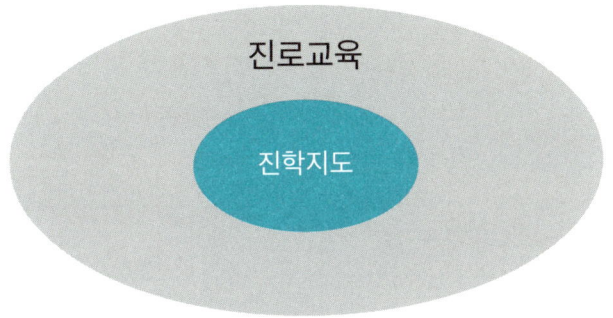

우리 교육은 진학지도에 지나치게 집중되어 있다. 사회 전반에 걸쳐 대학에 들어가는 것에 집중되어 있을 뿐 그 아이가 대학을 들어가서 사회에 어떤 사람으로 거듭나는지에 대해서는 별로 관심이 없다.

10대의 평균수명이 100세라고 하는 요즈음 시대에 대학을 가고 군대(남자인 경우만)를 다녀와서 직장에 들어가면 20대 후반이 된다. 우리는 아이들에게 여기까지만 집중해서 진학지도를 시키는 것 같다. 그럼 나머지 70년은 어떻게 살아가라는 말인가? 코칭을 하면서 가끔 아이들에게 나머지 70년에 대해서 이야기를 나누게 된다. 그때 아이들의 반응은 "생각해 본 적이 없는데요!", "모르겠는데요"라고 말하는 것이 대부분이다.

물론 진학지도도 중요하다. 하지만 평균 수명이 100세 시대를 살아가는 아이들에게 나머지 70년을 어떻게 보람되고 알차게 보내야 하는가를 알려주는 진로교육이 더 중요한게 아닐까 생각해 본다.

09
학습 코칭에서 가장 중요한 것은?

가르쳤다고 해서 그들이 배운 것은 아니다. — 밥 파이크

코칭이라는 단어가 유행하면서 '자기 주도 학습', '자기 주도적 학습코칭', '학습코칭' 등 학습과 관련되어 다양한 내용이 등장하였다. 간간이 아이들에게 학습코칭을 받는다는 이야기를 듣는다. 아이들에게 어떻게 하는지 물어보면 대부분이 별반 차이 없이 그냥 학습에다 코칭이라는 이름만 붙여 놓은 형태다. 학부모나 아이들은 코칭이라는 단어에 현혹되어 특별한 비법이라도 있을까 봐 시작하는 경우가 있는 것 같다.

평소에 관심이 있던 '자기 주도적 학습'을 한다고 홍보를 해서 찾아간 적이 있었다. 기존의 학습방법과 어떤 차이가 있을까? 자기 주도적 학습이 제대로 진행된다면 필자의 아이를 보내고 싶었기 때문에 기대를 하고 있었다. 하지만 상담을 하면서 실망을 금치 못했다. 아이들이 공부할 학습 과정을 홈페이지에 만들어 놓고 프로그램의 절차에 따라 아이들이 스스로 학습을 진행하고, 아이들이 모르는 것을 선생님께 질문했을 때 대답을 해주는 방식을 보고 자기 주도적 학습이라고 설명을 했다. 이 모든 학습 과정을 기획하고, 설계하고, 프로그램화시켜서 만들어 놓고 학생은 그 절차에 따라 정해진 학습 내용을 그대로 따라가도록 하는 것을 '자기 주도적 학습'을 한다고 했다.

이것이 과연 자기 주도적 학습일까? 자기 주도 학습은 학습자가 주도권을 가지고 학습의 전 과정에 대해서 목표를 세우고, 계획하고, 전략을 세우고, 실행한 후에 점검하는 전체 학습활동 과정을 말한다.

필자가 이야기하고 싶은 것은 사회에서 특정한 용어가 붙었다고 해서 제대로 하는 것은 아니라는 것이다. 즉, '코칭'이라는 단어가 붙었다고 해서 '학습코칭'을 제대로 하는 것은 아니다. 시대적 트렌드에 따라 인기 있는 용어가 나오면 단순히 붙여 놓은 형태가 많다.

예전에 코칭 교육을 받으면서 들었던 이야기다. 코칭관련 책을 몇 권 읽고 코칭센터를 운영하는 사람도 있다고 했다. 이렇게 시대적 유행에 따라 인기 있는 내용이 나타나면 그 내용을 명확하게 이해하기 전에 무분별하게 사용하는 경우가 많다는 것이다.

필자가 생각하는 자기 주도적 학습코칭은 '아이들에게 학습 동기가 일어나도록 도와주며 학습활동의 전 과정을 스스로 실행할 수 있는 역량을 기를 수 있게 해주는 것'이다. 여기서 조금 더 보탠다면 아이들이 열심히 노력하는 데 비해 성과가 잘 나타나지 않을 경우 효과적인 학습방법을 가르쳐주고 더 발전할 수 있도록 지원하는 과정이다. 즉, 도움(help)가 아니라 지원(support)이다.

학습코칭에서 제일 중요한 것은 학습 내용과 학습방법이 아니다. 아이들이 학습하고자 하는 동기에 있다. 아이 스스로 학습에 대한 명확한 동기가 생기지 않으면 학원, 과외, 인터넷 강의 등 수만금을 투자하여 아이들에게 학습을 시켜도 원하는 만큼 성과가 나오지 않는다. 성과가 나타나는 것도 일부의 아이들 뿐이다.

아이가 '공부를 왜 하는지' 이유가 명확하게 서면 가만히 놔두어도 아이는 공부를 열심히 할 것이다. 학습코칭의 매력은 여기에 있다. 학습코칭을 통하여 스스로 학습의 필요성을 인식하고 하고자 하는 마음으로 변한다. 아이는 자신이 원하는 미래의 상태를 돌아볼 것이고 현재 가장 필요한 부분에 대해서 노력할 것이다.

학습코칭에서 제일 중요한 것은 동기를 일으키는 것이다. 대화코칭을 하는 과정에서 아이의 생각이 변하고, 사고가 확장되어 자신을 이해하는 과정을 거친다. 자기 자신에 대한 이해도가 높아지면 자신이 무엇을 해야 할 것인지 알게 되면서 아이는 스스로 내면의 동기를 일으키게 된다. 그래서 학습코칭이 중요하다.

10
아이의 꿈을 찾아가도록 돕는 코칭

사람들은, '배움'은 세상의 변화에 뒤지지 않기 위해서 해야 할 평생의 일이라는 사실을 이제야 겨우 인정하고 있다. 그런 점에서 가장 긴박한 과제는 사람들에게 '배우는 방법'을 가르치는 일이다. ─ 피터 드러커 마지막 통찰, 엘리자베스 하스 에더샤임, 명진출판

다음 내용은 『행복한 코칭 즐거운 공부』 (정왕부, 푸른영토) 중에서 「자신의 미래를 설계하자」의 후속편이라고 할 수 있다. 지금부터 아래와 같은 인생의 로드맵을 작성한 아이에 관해 이야기하고자 한다. 이 글을 쓰고 있는 현재 이 아이는 대학생이며, 중학교 3학년 때 코칭을 위해 만났다. 이 아이 역시 처음에는 성적을 올려서 좋은 대학에 가고 싶다고 했다.

나 : 네 꿈은 뭔데 좋은 대학을 가고 싶니?

아이 : 학교 선생님이요.

나 : 왜 선생님이 되고 싶은데?

아이 : 어릴 때부터 부모님과 주변에서 학교 선생님을 하면 안정적이고 방학이 있어 좋다고 해서요.

나 : 그건 부모님 꿈이고, 네가 진짜 원하는 꿈이 뭐니?

아이 : ……! (한참 후) 어릴 때부터 그림을 좋아했지만 가정 형편상….

필자는 아이에게 자신에게 주어진 환경에 굴복하지 말고 극복해서 이겨내야 한다고 하면서 자신이 좋아하는 꿈을 절대로 포기하지 말라고 조언을 했다. 일주일 후 아이와 다시 만나서 코칭을 시작했다. 인생의 로드맵을 그려 보라고 했다. 현재 10대의 평균 수명은 100세 정도니까 앞으로 어떤 인생을 살아갈 것인지 그림으로 그려보라고 했더니 아래와 같은 '인생의 로드맵'이 나왔다.

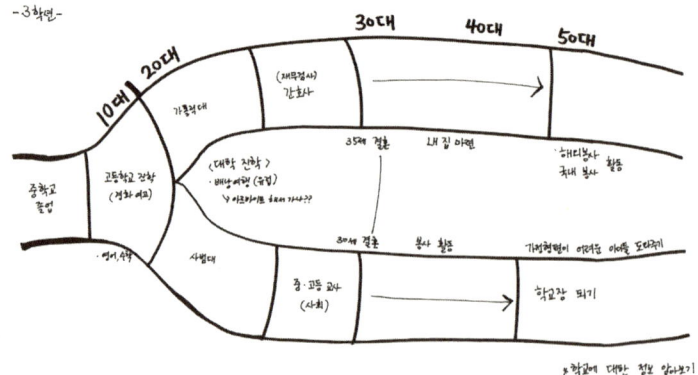

처음에는 교사가 꿈이라고 이야기하던 아이는 일주일 동안 고민이 되었나 보다. 자신의 꿈을 확실히 결정하지 못해서 간호사와 교사라는 두 갈래의 꿈을 그렸다고 했다. 이것을 기회로 아이는 학습에 대한 중요성을 인식하기 시작했다. 고등학교로 진학한 아이는 1학년 동안 가끔씩 필자를 찾아와서 공부 방법, 자기 생각, 꿈 등에 관해 이야기를 나누었다. 그리고 고등학교 3학년으로 진급하기 직전에 다음과 같이 이야기를 했다.

"선생님 저 고등학교 배치고사 143등에서 전교 4등까지 올랐어요! '5분 전 5분 후 학습법'을 사용했더니 성적이 많이 향상되었어요. 그리고 제가 좋아하는 미술계통으로 진학하기로 했어요!"

처음 코칭을 할 때 교사가 되는 것이 꿈이라고 했지만 진짜 좋아하는 것을 물었을 때 그림을 좋아한다고 했던 아이였다. 아이는 자신이 좋아하는 것을 찾아 서울에 있는 H 대학교 미술 관련 학과에 진학하여 잘 다니고 있다. 대학을 진학하면서 필자에게 반드시 해주고 싶다는 이야기가 있다며 만나자고 했다. 2014년 2월에 만나서 2시간 가량 대화를 나누었다. 자신의 이야기가 좋은 사례가 될 것이라며 많이 알려달라고 했다.

아이와의 인터뷰 핵심 내용을 간략하게 정리한다.

- 진로보다 사고능력을 기르는 것이 더 중요하다.
- 자기 주도적 학습능력을 키우자.

- 직업에만 얽매이지 말자. 그러면 사고범위가 좁아진다.
- 인터넷 강의는 Yes, 학원·과외는 No.
- 부모님께 의존하지 말자. <u>스스로 해결하는 능력을 기르자.</u>
- 입시 요강을 직접 찾아보자.
- 전년도 입시 결과와 비교해서 보자.
- 적극적으로 선생님과 소통하는 모습을 가지자.
- 시험 못 칠 것을 걱정하지 말자.
- 일어나지 않을 일을 걱정하지 말자.

11
코칭은 아이의 습관을 바꾼다

그동안 아이들과 '진로-학습 1:1 면대면 코칭'을 하면서 소소한 성과들이 있었다. 그런데 항상 1:1 면대면 코칭을 하다 보니 많은 아이들과 만나서 대화코칭을 할 기회가 적었다. 많은 아이들과 만나 대화를 나누고 아이들이 성장할 기회를 주지 못한 것에 대해 항상 안타까운 마음이 앞섰다. 나름대로 아이들과 만나서 대화코칭을 할 수 있는 시간을 가지기 위해 밤늦게까지 코칭시간을 할애해 보았지만 1년 동안 만날 수 있는 인원수는 그렇게 많지 않았다.

2014년도에는 조금이라도 더 많은 아이들과 대화코칭을 할 수 있는 기회를 가지기 위해 '진로-학습 집단코칭'을 시도해 보았다. 처음에는 집단코칭을 위해서는 프로그램을 다시 새롭게 개발해야 했기 때문에 많은 고민이 있었다. 그렇지만 단 한 명이라도 더 많은 아이들에게 성장할 수 있는 기회를 주고자 하는 마음이 앞서 어려움을 극복하고 프로그램을 개발하여 '진로-학습 집단코칭'을 시작했다.

한 학기 동안 12회(1회 2시간), 24시간의 '진로-학습 집단코칭'을 실시하는 과정을 만들고 1학기에 8명의 아이들로 구성하여 첫 출발을 했다. 필자도 새롭게 시작하는 프로그램이었기 때문에 아이들에게 잘못된 영향을 미치면 어쩌나 하는 걱정이 많았다. 하지만 시간이 지나면서 걱정이 안심으로, 안도하는 마음이 즐거움으로 변하기 시작했다. 아이들로부터 작은 변화가 일어났기 때문이다.

처음 집단코칭을 진행할 때 아이들에게 의견을 물어보면 기어들어가는 목소리, 떨리는 목소리, 자신 없는 태도 등으로 일관하였다. 그러나 시간이 지나갈수록 자신감을 찾아가는 모습이었다. 1학기에는 한 팀을 운영하였지만 2학기에는 두 팀을 만들어 진로-학습 집단코칭을 실시하였다.

이 과정에서 자신의 생활습관과 학습습관을 바꾼 아이가 있어서 소개한다. 다음은 소개하고자 하는 학생이 진로-학습 집단코칭을 마치면서 작성한 소감문이다.

진로코칭을 하면서 "내가 그동안 정말 공부에 'ㄱ'자도 몰랐구나!"라는 것을 알게 되었고 나를 다시 되돌아보고 반성할 수 있는 계기가 되었습니다. 처음에는 별로 얻어가는 것도 없고 그냥 시간만 낭비한다고 생각했는데 선생님이 가르쳐준 많은 방법을 하나씩 실천해가면서 저의 많은 점이 변했습니다.

첫 번째는 일일 학습 계획표를 작성하고 하나씩 실천해가는 것이었습니다. 저는 계획을 세우고 실천하는 방법을 알고 있지만 계획대로 실천하지 않고 무작정 공부를 했습니다. 계획을 세우고 공부를 하면 뭐가 더 좋은지 궁금해서 이번에 진로-학습 집단코칭을 계기로 시작했는데 시간도 줄어들게 되어서 정말 좋았고, 빽빽하게 채워진 계획표를 보면서 뿌듯함도 많이 느끼고 계속 실천하게 되었습니다.

두 번째 '5분 전 5분 후 학습방법'을 통해 수업을 미리 예습하고 복습하면서 수업내용이 더 오래 기억에 남고 쉬는 시간을 좀 더 효율적으로 사용하게 되었습니다. 그래서 선생님이 수업시간에 질문하시는 것도 내가 대답을 하면서 수업에 더욱 집중하게 되었습니다.

그 외에도 '카드 암기법', '시험 전날 공부법' 등을 배우면서 나만의 공부법을 만들어가고 내가 스스로 공부하는 시간도 생겼습니다. 계획을 짜고 공부를 시작하는 법을 실천해가면서 공부습관을 만들게 되었습니다. 학습방법 이외에 다른 다양한 활동을 통해서 자신감도 키우고 배려심도 더 많이 생기게 되었습니다.

이 아이는 '일일 학습 계획표'와 '5분 전 5분 후 학습법'을 통하여 학습습관이 형성되었다. 뿐만 아니라 다양한 활동을 통해서 자신감과 배려심도 생겼다고 한다. 그런데 이 아이가 소감문에는 작성하지 않은 중요한 내용이 하나 있다. 생활방식을 바꾼 것이다.

진로-학습 집단코칭에서는 세션마다 일주일 동안 자신의 생활상에 대해서 서로 의견을 나누고 아이들끼리 서로 조언을 하게 했다. 코치의 개입은 최소로 하고 아이들끼리 서로 생각을 나누고 충고와 조언 그리고 격려도 아끼지 않는다. 어느 세션에서 시간 관리에 대한 이야기를 나누다가 새벽 시간을 활용하여 공부하는 것과 밤늦게까지 공부하는 것 중에서 어느 것이 더 효과적인가에 대해 이야기를 나누었다.

그 다음 주에 이 아이는 새벽에 일찍 일어났지만 다시 잠들었다고 했다. 아이에게 "새벽에 일찍 일어나려고 하는 마음을 가지고 실천하려고 하는 의지가 대단하다. 힘들지만 노력해봐라!"라고 칭찬을 해주었다. 다른 아이들도 "자신들은 시도조차 해보지 않았는데…"라고 하면서 칭찬이 이어졌다. 원래 이 아이는 밤늦게까지 공부하고 아침에 늦게 일어나는 습관을 가지고 있었다고 한다.

그렇게 몇 주가 지나고 일주일 동안 자신이 변한 점을 발표하는 시간을 가지면서, 이 아이는 새벽에 4시 30분쯤 일어나서 공부를 시작했다고 한다. 습관이 완전히 들진 않았지만 밤늦게까지 공부하는 것보다 일찍 자고 일찍 일어나서 공부하는 것이 훨씬 집중력도 좋아지고 공부의 효율이 상승했다고 하면서 좋아했다. 아침 시간을 활용하면서 공부하는 것 때문에 학습량이 많이 늘었다고 했다.

코칭을 하다 보면 자신의 생활습관을 확인하고 잘못된 습관을 개선하는 효과가 나타난다. 누군가가 "네가 밤늦게까지 공부하는 습관이 나쁘니까 새벽에 일찍 일어나서 공부하는 습관으로 바꾸어라!"라고 조언을 했다면 이 아이가 습관을 바꾸려고 노력했을까? 여기에 코칭의 매력이 있다. 코칭은 자신의 생활태도를 스스로 파악하여 스스로 변화할 수 있도록 만들어 준다. 이것이 바로 자기 주도적 태도가 아니겠는가?

12
아이의 생각을 끌어내자!

　　　　　　　　　　대가족 사회에서 핵가족 사회로 변하면서 많은 장단점이 있겠지만 필자는 무엇보다 인간관계에 대한 다양성이 많이 떨어지지 않았나 생각한다. 부모와 아이만 있는 가정보다 할아버지, 할머니, 아버지, 어머니, 아이 등 이렇게 구성된 가족관계에서는 조금 더 복잡한 관계가 형성될 것이다. 또한 아이가 한 명 있을 때보다는 여러 명이 있을 경우 더욱더 가족의 관계가 복잡하게 이루어질 것이다.
　대가족에서 핵가족으로 변화하는 것이 편리한 점도 많겠지만 아이들이 가족 간의 관계 속에서 일어나는 다양한 일에 대해서 대처할 기회가 적어진다. 많은 가족관계 속에서 여러 가지 사건들을 이해하고 해결하기 위해서는 다양한 생각을 많이 해야 한다. 아이들은 다양한 관계 속에서 생각하는 능력을 깊고 넓게 기를 수 있을 것이다.

>나 : 너는 왜 공부를 하는데?
>아이 : 그런 거 생각해 본 적이 없는데요.
>나 : 그럼 학교는 왜 다니니?
>아이 : 그냥요!
>나 : ……!

대화코칭을 하다 보면 아이들과 자주 나오는 대화 중의 하나다. 아이들은 자신이 무엇을 하는지 모른 채 매일 일어나는 일을 기계적으로 할 뿐 그것을 왜 하는지 생각해 본 적이 별로 없다는 것이다. 심한 경우 집에 혼자 있으면 친구가 없기 때문에 친구를 사귀고 같이 놀기 위해 학교에 나온다는 이야기를 하는 경우도 있을 정도다. 많은 아이들이 자신도 모르게 매너리즘(mannerism)에 빠져있는 것은 아닌가 하는 의구심이 들 때도 많다.

하루하루 생활에 별 의미 없이 지내는 아이들과 만나서 이야기를 나누는 것은 힘들다. 이러한 아이들에게 꼭 필요한 것이 대화코칭이다. 아이들에게 다양한 분야와 자신의 삶에 대해서 생각해 볼 기회를 주는 것은 중요하다.

자신에게 일어나는 모든 일에 대해 생각하기 싫어하는 아이들이 무엇을 할 수 있을까? 아주 사소한 일도 자신이 생각하고 판단하여 행동으로 옮기는 것이 아니라, 어릴 때부터 너무나 친절하게 대답해준 부모 때문에 붙은 습관이 아닐까 한다. 이러한 아이들에게 대화코칭을 통하여 자기 생각을 정리하는 기회를 주어야 한다. 자신에 대한 이야기가 정리되었을 때 아이들은 주변에 다른 것들에 대해 생각해 볼 수 있는 여유를 가지게 된다. 다양한 분야에 대해 생각할 기회를 가지게 되고 자신을 더욱 잘 이해하는 아이로 성장할 수 있게 되는 것이다.

아이들에게 "공부해야 한다", "성공해야 한다", "좋은 대학에 가야 한다"라고 이야기할 것이 아니라 스스로 다양한 생각을 끌어내며 깊이 있는 사고력을 키울 수 있도록 도와준다면 나머지는 저절로 일어나지 않을까?

13
일주일 1시간 대화코칭의 힘

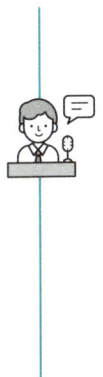

'학부모 진로코치 양성과정' 프로그램에 참여하신 학부모님께서 가끔 "아이들과 대화할 때 항상 대화코칭으로 해야 하나요?"라는 질문을 한다.

모든 생활을 대화코칭으로 한다는 것은 쉽지 않다. 필자도 모든 생활을 대화코칭으로 하지 못한다. 그래서 필자는 가상의 모자를 몇 개 마련해 놓고 있다. 코칭 할 때는 코치의 모자를 쓰고, 수업할 때는 교사의 모자를 쓰고, 집에 가면 아빠의 모자나 남편의 모자를 쓴다는 마음가짐으로 생활한다.

아이들과 코칭을 해보면 가장 적정한 시간이 있다. 일주일에 1시간 정도다. 예전에는 아이들과 대화코칭을 할 때 매일 만나서 대화를 해보기도 하고 일주일에 2회 또는 3회를 만나서 대화코칭을 해보기도 했다. 경험상으로 일주일에 1시간 정도의 대화시간을 정기적이고 규칙적으로 오랫동안 할 때가 효율성이 높아 보였다.

대화코칭에서 일주일에 1시간 정도가 효율성이 높다고 하는 이유가 있다.

> 첫째, 자주 만나서 대화코칭을 하면 아이들이 싫증을 낸다.
> 둘째, 자주 만나면 대화의 내용이 고갈되어 같은 내용이 반복된다.
> 셋째, 아이에게 생각할 충분한 시간을 주어야 한다.

아이에게 생각할 시간을 주는 것은 매우 중요하다. 아이를 지도하는 입장에 있는 사람들은 아이에게 뭔가를 많이 주고 싶어 한다. 한두 번의 대화코칭으로 아이들에게 금방 변화가 일어나서 어딘가 달라지기를 바라는 마음이 생기기도 한다.

아이들의 변화는 매회 만날 때마다 일어나는 경우가 제일 좋겠지만 꼭 그렇게만 되는 것은 아니다. 20회기 이상 대화코칭을 했지만 전혀 변화가 일어나지 않다가 코칭세션을 마친 이후에 급격하게 변화가 일어나는 경우도 가끔씩 경험했다. 따라서 아이들과 대화코칭에서 끈기를 가지고 기다리는 것이 중요하며, 아이들이 생각할 수 있는 시간을 충분히 주어야 한다. 따라서 일주일에 1회 정도의 대화코칭을 가지는 것이 가장 효율적이라고 할 수 있다.

대화코칭을 정기적이고 규칙적으로 하는 것도 중요하다. 예전에 개인적으로 일정에 변화가 생기거나, 아이들의 개인 사정으로 만남이 중단되었다가 새롭게 대화코칭을 시작했던 적이 있었다. 이런 경우 대부분 아이들은 처음 대화코칭을 시작하기 전의 상태로 되돌아갔다. 최소한 아이가 스스로 자신의 상태를 고려하고 생각하는 힘이 있을 때까지는 매우 규칙적이고 지속적인 대화코칭을 할 필요가 있다.

그렇다면 어느 정도의 기간 동안 대화코칭을 해야 아이가 스스로 할 수 있는 힘이 생길 수 있을까? 우선 아이의 개인 역량에 따라 다르다. 개인적인 경험으로는 8회에서 12회 정도가 적당하며 역량이 부족한 아이들은 20회를 넘어가는 경우도 있다. 아이들의 개인적 역량과 특성이 똑같은 경우는 한 명도 없다. 기본적으로 12회 정도 정하고 시작하되 코칭을 진행하면서 상황에 따라 변화를 주는 것이 좋다.

마지막으로 아이의 개인역량의 가장 큰 차이점은 독서량이다. 독서량이 많은 아이는 대화코칭이 쉬울 뿐만 아니라 발전하는 속도도 빠르다. 주제와 조금 다른 내용이 될 수 있을지 모르겠지만 여기서 한 번 더 독서의 중요성을 강조하고 싶다.

14
아이를 공산품이 아닌 수제품처럼 키우자

　　　　　　　　　　겨울이 되면 길거리의 먹거리로 가장 많이 나오는 것이 오뎅과 붕어빵이다. 날씨가 추워지면 오뎅보다는 오뎅 국물이 탐이 나서 사먹기도 하고, 늦은 시간에 퇴근할 경우 가끔 붕어빵이라도 하나 사서 집으로 향하기도 한다. 가족들이 붕어빵을 맛있게 먹어주는 날이면 괜히 기분이 좋아서 히죽거리기도 한다.

　붕어빵을 만드는 과정을 자세히 보면서 현대사회의 학교와 교육에 대해서 생각해 본 적이 있다. 어째 붕어빵 만드는 것이 학교에서 아이들을 교육하고 진학시키고 사회에 배출시키는 모습과 비슷해 보였다.

　산업사회 이후부터 사회의 대부분 시스템이 꼭 공장 자동화를 닮아가는 듯하다. 버스를 타보면 온종일 똑같은 코스를 뱅글뱅글 돌고 지하철은 선로를 따라 이쪽 끝에서 저쪽 끝으로 수없이 왔다 갔다 반복한다. 상점에라도 들르면 똑같은 제품이 수북하게 쌓여 있는 것을 볼 수 있다. 정확하게 똑같이 생긴 제품이 말이다. 이 책을 읽는 독자 중에서도 학교를 공장에 비유하고 사회에서 필요한 아이를 학교에서 찍어내는 제품이라고 생각해 본 적은 없는지 궁금하다. 학교가 똑같은 아이를 만들어 내는 자동화된 공장 같은 생각이 들 때마다 안타깝기만 하다.

특히 아이들과 대화를 해보면 스스로 특정한 틀에서 벗어나지 못하고 자신의 인생철학이 무엇인지, 가치관과 신념이 무엇인지 생각해 보려 하지도 않는 경향이 있다. 특기와 적성마저도 무시하면서 오직 성적에 따라 대학 진학에만 초점을 맞추어 이야기하는 아이들이 있다. 그럴 때마다 '꼭 이런 교육을 해야만 하는가?'라는 생각을 떨쳐낼 수가 없다. 아이의 인성과 적성을 잠시 뒤쪽에 놓아두고 오직 대학입시라는 목표를 향해 똑같은 책으로 공부하는 아이들을 보면 불쌍해 보일 지경이었다.

대학수학능력이라는 틀에 맞추어 시험을 잘 치는 아이, 다섯 개 중의 한 개를 잘 골라내는 아이로 공산품을 찍어내듯 만들어가는 것은 아닌지 생각해 보게 된다. 아이들이 자신의 인생을 어떻게 살아가야 할 것인지, 자신에게 필요한 것이 무엇인지 생각해 볼 겨를도 없이 얼마나 답을 잘 찍어내는가를 두고 경쟁하는 시스템에 아이들을 내몰고 있는 것은 아닐까? 이것에 발맞추어 학교뿐만 아니라 인터넷 강의, 학원 등과 같은 사교육 시장에서도 같은 패턴으로 발전하고 있다.

산업사회에 들어오면서부터 모든 것은 붕어빵처럼 똑같이 빠르게 찍어내는 사회로 변모했다. 우리 손으로 하나하나 정성들여 만들어내는 수제품은 사라져 가고 있다. 겨우 그 명맥을 유지하면서 이어가는 분들이 많이 있지만 자동화로 인하여 똑같은 제품을 대량으로 찍어내는 시대에 수제품은 가격과 물량적인 측면에서 제대로 힘을 발휘하지 못하고 사라져간다.

그렇지만 이런 자동화된 공산품의 저가 물량공세에도 무너지지 않고 그 명맥을 이어가고 있는 수제품 중에는 오히려 소량의 고가정책으로 그 가치가 높아지면서 조금씩 발전하고 있는 것들도 있다. 장인의 손으로 정성 들여 만든 제품에서 그 가치를 인정받고 있는 것이다. 머릿속으로 떠올랐던 것이 '자동화된 공산품을 생산하듯이 아이를 교육할 것이 아니라 수제품을 만들듯이 하나하나 정성을 들여 가르치는 것이 좋겠다'라는 생각이 미쳤다.

언젠가 교육을 받는 중에 강사분이 "김연아가 세계적인 선수가 된 이유가 뭔지 아세요?"라는 질문을 했다. 잠시 후 그분이 대답했다. "첫째, 위대한 어머니가 계신다. 둘째, 학교 교과목에 피겨 스케이팅이 없다."

이 이야기를 들으면서 우리나라 교육에 대한 단면을 이야기하는 것 같아 공감하면서도 한편으로는 참 씁쓸했다. 그런데 여기서 자세히 들여다보니 어머니를 장인으로 비유하고, 교과목에 없는 것을 일률적인 교육이 아니라 개별적인 교육 즉, 수제품을 의미하는 것은 아닐까 생각했다.

지금은 예전보다도 변해가는 모습이다. 학교에서 진학보다는 진로에 관심을 많이 가지고 있고 학생부 종합전형이라는 제도로 인하여 교육정책도 많이 바뀌고 있다. 각종 진로와 관련된 행사와 체험활동 그리고 동아리 활동과 같은 다양한 활동을 통하여 학생들 개개인이 특성을 살릴 기회가 조금씩 많아지고 있다. 충분한 변화라고 볼 수는 없지만 이와 같이 진행되어 간다면 앞으로의 교육은 상당히 낙관적일 것이라고 본다.

아이들에게 자동화된 공장에서 공산품을 만들어 내는 것과 같은 교육이 아니라 개별적 특성과 능력을 살릴 수 있는 수제품을 제작하는 것과 같은 교육이 되었으면 하는 바람이 있다. 이것이 곧 아이들을 행복하게 하고 미래를 바라보는 발전된 교육이 될 것이다.

부록

　　　　　　2014년 2학기 Y 학생이 '진로-학습 집단코칭'을 마치면서 작성한 소감문이다. 이 아이는 고등학교에 진학하고 나서도 진로에 관해 이야기하는 것을 싫어하고 기피하였다. 그러던 중 진로-학습 집단코칭을 통하여 꿈에 대해서 고민하고 성찰하게 되어 학습에 관심을 가지게 되었다.

　필자가 진행하는 진로-학습 코칭의 핵심적인 내용을 담고 있는 사례이기도 하다. 즉 아이들이 자신의 진로와 꿈을 이해하고 확인하게 되면 학습은 쉽게 이루어질 수 있다. 진로와 꿈이라는 목표가 정해지면 어떤 로드맵을 따라갈 것인지 명확하게 나타나기 때문이다.

시작하던 때가 엊그제 같은데 어느덧 12주가 흘렀다. 처음에는 그저 재미있겠지, 어떠려나? 기대 반 두려움 반으로 들어왔던 진로-학습 집단코칭은 생각보다 재미있었다. 딱딱한 줄만 알았던 수업시간은 활기차고 훈훈한 분위기만 돌았다.

그리고 이 진로-학습 집단코칭의 좋은 점은, 나는 사실 고등학교에 들어온 후 진로에 대한 이야기를 하기 싫어했고 꺼렸다. 그런데 이 진로-학습 집단코칭에서는 전혀 부담감이 없는 분위기에서 자연스레 내 진로를 탐색할 수 있게 해주었다. '자신이 사망한 후 기사 작성', '40세 때 자서전 작성하고 발표하기' 등의 프로그램을 통하여 더욱 깊게 내 꿈에 대해 고민해보고 성찰해보는 계기가 되었던 것 같다.

또한 체계적인 '일일 학습 계획표'를 짜게 됨으로써 처음에는 야간자습시간에 7시부터 8시 40분까지도 시간이 남아돌아 책을 읽고 졸던 내가, 저녁 10시까지의 야간자습시간이 부족해지기까지에 이르렀다. 또한 파일에 넣어두기 때문에 이때까지의 내가 했던 '일일 학습 계획표'를 볼 수 있어서 때론 경각심을, 때론 뿌듯함을 느끼게 해주었다. 그 덕택에 1학기 기말고사보다 무려 150등 넘게 향상하는 효과를 보았고, 또한 '5분 전 5분 후 학습법'을 실행해 보았더니, 오히려 실행하기 전보다 수업시간에 집중이 더 잘되었고, 선생님께 너무 열심히 해 부담스럽다는 칭찬까지 들었다.

그리고 '카드식 암기법'으로 평소에는 딱딱하게 주욱 읊어서 외우고는 기억이 나지 않던 단어들이나, 너무 길어서 외우기 힘들었던 단어들이 단번에 외워져 쉽게 잊어버리지 않게 되었다.

또한 나의 학습법 테스트로 인하여 내가 운동 감각적으로 공부해야 한다는 것을 깨달았고, 집에 돌아가 곰돌이 인형을 앉혀놓고 영어 문법책에 내용을 설명했더니 머리에 자동으로 정리되어 몰랐던 문법을 정확히 이해하게 되었다. 또한 쓰면서 공부를 하자 능률이 올라 공부에 흥미를 느끼게 되었다.

그리고 제일 최근에 한 '인생의 로드맵'으로써 내 꿈에 대한 확신을 얻게 되었고 꼭 그리되리라는 믿음과 의지가 생겼다. 앞으로는 젤소나(제일 소중한 나)를 통하여 '일일 학습 계획표'를 작성할 것이고, '5분 전 5분 후 학습법'을 통해 확실한 예습과 복습을 할 것이다.

제 2장

대화코칭을 하기 전
알아야 할 것들

01
무기력에서 벗어나 잠재력을 깨우자!

                        1960년대 워싱턴 D.C 미국 국립동물원에 있었던 이야기다. 동물원에는 '모히니'라는 이름을 가진 백호가 한 마리 있었다. 백호는 동물원 내에서 가로세로 4m 우리에서 앞뒤로 왔다 갔다 하며 시간을 보냈다. 이것을 본 사람들은 백호의 삶을 불쌍하게 여겨 새로운 보금자리를 만들어 주기로 했다.

  새 보금자리는 수천 제곱미터의 넓이를 가졌고 언덕, 나무, 연못 등을 조성하여 백호가 생활하기에 최적의 환경이었다. 새로운 보금자리로 옮긴 백호는 자신이 발견한 은신처에서 어떻게 생활했을까?

  백호는 수천 제곱미터의 넓이를 가진 새로운 보금자리에서도 가로세로 4m의 영역을 벗어나지 못했다. 결국 잔디가 다 벗겨지도록 왔다 갔다 하는 생활을 하다가 생을 마감했다고 한다. 백호는 왜 4m의 영역에서 벗어나지 못했을까?

　미국의 유명한 곤충학자인 루이저 오스차일드 박사는 벼룩의 점프력에 관한 연구를 하였다. 벼룩은 약 30cm 높이로 자신의 키보다 몇백 배 높이 뛰어오른다. 사람으로 치자면 몇십 층짜리 건물도 쉽게 뛰어넘을 수 있는 높이다.

　루이저 박사는 벼룩을 대상으로 한 가지 실험을 하였다. 몇 마리의 벼룩을 실험용 용기에 넣고 투명한 유리로 된 뚜껑을 덮었다. 그러자 높이 뛰어오르는 습성을 가진 벼룩이 유리 뚜껑에 부딪히는 소리가 들렸다. 얼마 후, 유리 뚜껑에 부딪히는 소리가 없어졌을 때 유리 뚜껑을 열어 보았다. 그런데 한 마리도 밖으로 뛰어나오지 못하고 유리 뚜껑까지 모두 일정한 높이로 뛰고 있었다. 벼룩은 짧은 시간 동안에 스스로 학습된 한계로 투명한 실험 용기의 높이를 뛰어넘어서 나오지 못했다.

　얼마 후 루이저 박사는 한 가지 실험을 더 했다. 학습된 무기력에 빠진 벼룩이 담긴 용기의 아랫부분을 알코올램프로 가열하였다고 한다. 그러자 얼마 지나지 않아 위기의식을 느낀 벼룩들이 한 마리도 빠짐없이 실험용 용기를 빠져나와 자유를 찾았다고 한다.

　사람 또한 이와 같지 않을까? 자신에게 적합한 환경을 만들어 스스로 자신의 한계를 짓고 그 안에 가두어 사는 경우가 많지 않을까? 자신의 능력을 발휘하여 도약할 수 있는 잠재력이 있음에도 불구하고 무기력한 생활을 하는 것은 아닌지 생각해 본다.

'모든 사람에게는 무한한 가능성이 있다.'

1장에서도 이야기했듯이 코칭의 제1 철학이다. 코칭의 출발은 모든 사람에게 무한한 가능성을 열어두고 시작하는 것이다. 여기서 무한한 가능성이란 '잠재력'을 말한다. '잠재력'을 사전에서 찾아보면 '겉으로 드러나지 않고 속에 숨어 있는 힘'이라고 표현되어 있다.

뇌 과학에서는 사람들을 의식과 무의식으로 나누고 또한 의식을 외부의식과 내부의식으로 나눈다. 이것을 사람의 뇌와 연결시켜 본다면 외부의식은 사람의 신피질 영역에서 이성과 생각을 주도하는 역할을 하며 5% 정도를 차지하고 있다. 내부의식은 뇌의 구피질 영역으로 사람의 감정과 감성을 주도하며 15% 정도 차지하고 있다. 무의식은 뇌간이라는 곳에서 관장하며 생명의 근원에 대한 것으로 80%를 차지하는 영역이다.

외부의식과 내부의식을 합쳐서 인지할 수 있는 의식은 전체의 20% 정도만 차지하고 있지만, 우리의 내부에 숨어있어 인지할 수 없는 무의식은 80%나 차지하고 있다. 아직 개발되지 않고 숨어있는 무의식 부분을 끄집어낼 수 있다면 사람의 능력은 무한하다는 것이다.

『잠들어 있는 성공시스템을 깨워라』(브라이언 트레시, 황금부엉이)라는 책에는 잠재력에 대한 공식을 다음과 같이 정의하고 있다.

(선천적 특성 + 후천적 특성) × 태도 = 잠재력

사람의 잠재력은 타고나는 것(선천적 특성)과 성장하면서 교육을 통해 형성된 것(후천적 특성)을 기반으로 현재 자신의 태도(attitude)의 곱으로 결정된다는 것을 의미한다. 선천적 특성과 후천적 특성도 중요하지만 자신의 태도가 곱으로 작용한다는 것은 태도의 변화(마음가짐)에 따라 잠재력이 급격하게 상승하는 효과를 볼 수 있다는 뜻이다.

그렇다면 아이의 잠재력을 변화시키기 위해서는 아이의 태도를 바꾸면 되지 않을까? 어떻게 하면 아이의 태도를 바꿀 수 있을까? 누군가가 태도를 바꾸라고 조언한다고 해서 태도를 바꿀 수 있을까? 누군가가 도움을 줄 수는 있지만 강요해서 될 문제는 아니다.

우리는 아이의 잠재력을 제대로 바라보지 못하고 우리가 보고싶은 시각대로 아이에게 강요하는 것일지도 모른다. 이럴 경우 아이가 가지고 있는 숨겨진 능력은 제대로 발휘하기가 어려워진다. 아이 스스로 자신의 능력을 발휘하도록 해주어야 하는데 우리는 자기 생각대로 아이들을 끌고가려 한다. 그러다 보니 충돌이 일어나고 아이의 능력은 제대로 힘쓰지 못하게 되는 것이다. 우리는 아이가 스스로 태도를 바꾸어 자신의 잠재능력을 발휘할 수 있도록 도와주어야 한다.

02
생각이 나를 바꾼다

생각하는 대로 살지 않으면, 사는 대로 생각하게 된다. — 정오의 악마, 폴 부르제, 1914년

1960년대 존 F. 케네디 대통령의 '1960년 말까지 인류를 달 위에!'라는 생각은 1969년에 유인 우주선인 아폴로 13호를 달에 갔다오게 했다. 1970년대 빌 게이츠는 '세계의 모든 가정 모든 책상 위에 컴퓨터를!'이라는 생각을 했고, 지금은 모든 가정에 컴퓨터가 놓이게 되었다.

1970년대 5년간 생존율이 5% 미만인 후두암을 치료하던 미국의 암 전문가인 칼 사이먼튼은 다음과 같은 시각적 심상 기법을 이용하여 환자를 치료하였다고 한다.

환자는 아침에 일어나면서, 점심 식사 후, 잠자리 들기 전, 이렇게 하루에 세 번 15분씩 시간을 냈다. 이 시간 동안 환자는 우선 조용히 자리에 앉아 몸의 근육들에 정신을 집중한 다음, 머리부터 시작해서 발끝까지 모든 근육의 긴장을 풀면서 마음을 가라앉힌다. 이렇게 이완이 된 상태에서 그는 기분이 좋아질 때까지 나무 밑이나 시냇가 또는 상상에 어울리는 어느 곳이든 쾌적하고 조용한 장소에 있는 자신의 모습을 그려본다. 그러고 나서 어떤 형태로든 원하는 대로 자신의 종양을 생생하게 마음에 그린다.

다음으로 칼은 환자에게 방사선 요법에서 나오는 방사선을 정상 세포와 암세포를 죽이는 수백만 개의 작은 에너지 탄환처럼 마음속에 그려보도록 요구했다. 그리고 암세포는 정상 세포보다 약하고 불안정하여서 그러한 손상을 복구할 수 없으며, 결국 암세포는 죽어가지만 정상 세포는 건강하게 남게 된다고 말해 주었다.

칼은 환자에게 마지막으로 가장 중요한 단계의 심상을 형성시키도록 주문했다. 즉 자신의 몸에 백혈구가 들어와서 암세포 위에 모인 다음 죽거나 죽어가는 세포를 추려 간과 신장을 통해 몸 밖으로 밀어내는 그림이었다. 환자는 마음의 눈으로 암세포의 크기가 줄어들고 건강이 정상으로 돌아오는 것을 떠올리게 되었다. 이 모든 훈련을 마치면 무엇이든 해야 할 일로 돌아갔다.

— 마음 의술(칼 사이먼튼 외, 살림 Life)

이 환자들은 점점 호전되었고 두 달 후에는 암의 징후가 전혀 발견되지 않았다고 한다.

2015년 01월 14일 채널A에서 〈나는 몸신이다〉라는 프로그램을 시청한 적이 있다. 뇌파를 이용해 선풍기를 돌리는 장면이 나왔다. 머리에 밴드를 착용하고 집중하게 되면 전기를 연결하지 않은 선풍기가 돌아가는 것이다. '몸신'으로 나오신 동명대학교 강성철 교수는 선풍기 10대를 뇌파로만 회전시키는 모습을 보여 주었다. 뇌파로 선풍기를 회전할 때 머리에 밴드를 착용하는 모습을 볼 수 있었는데 아마 이것은 에너지가 약한 뇌파를 증폭시켜주는 역할을 하는 장치인 듯하다.

우리가 생각할 때 발생하는 뇌파 에너지의 영향력은 미미할지 모른다. 하지만 같은 생각을 반복해서 여러 번 하다 보면 사람의 인생에도 커다란 영향을 미칠 것이다. 미국에서 심리학자가 소년원에 들어간 아이들에게 물어보았다. "너희는 왜 소년원에 들어왔니?" 많은 아이들이 이렇게 대답했다고 한다. "어릴 때부터 부모에게 '너는 커서 교도소에 갈 거야!'라는 말을 많이 들었기 때문에 당연히 교도소에 들어온다고 생각하고 있었다." 이러한 것을 보더라도 '생각의 힘'은 예상보다 더 대단한 것임을 느낄 수 있다. 지금부터 이것을 과학적으로 설명해 보려고 한다.

나무책상을 하나 분해해보자. 나무를 분해하면 식물세포가 된다. 이 식물세포를 분해하면 분자, 원자, 소립자, 미립자 이렇게 분해가 된다. 1998년 이스라엘의 와이즈만 과학원에서 이 미립자에 대해 실험을 하였다. 어느 날 한 과학자가 미립자를 전자총으로 발사하여 이중슬릿을 통과하는 실험을 했다. 이 이중슬릿을 통과하여 필름에 나타난 모양을 보니 어떤 때는 입자로 어떤 때는 파형으로 나타났다. 미립자 실험에서 과학자가 입자라고 생각하면 입자로, 파동이라고 생각하면 파형으로 나타난다는 것이다. 즉, 우주에서 가장 작은 물질이 사람의 생각에 따라 다른 형태로 나타난다는 것을 말한다.

이 작은 미립자가 다시 뭉쳐진다면 소립자, 원자, 분자, 세포가 된다. 그 세포가 동물 세포가 될 수 있다는 것은 사람도 될 수도 있다는 것을 의미한다. 이렇게 미립자에 의해 뭉쳐진 사람은 결국 미립자의 덩어리가 된다. 미립자가 생각의 변화에 따라 영향을 받는다면 미립자로 뭉쳐진 사람 역시 생각에 따라 변화할 수 있다. 즉 사람의 생각에 따라 입자가 되기도 하고 파동이 되기도 하는 미립자라면 사람들의 작은 생각들이 모여서 생활에 영향을 미칠 수 있다는 것이다.

> 생각을 바꾸면 행동이 바뀌고, 행동을 바꾸면 습관이 바뀌고, 습관을 바꾸면 인격이 바뀌고, 인격을 바꾸면 운명이 바뀐다. — 사무엘 스마일즈

미미할지라도 우리들의 작은 생각은 나와 가족 그리고 주변의 환경을 바꿀 수 있다. 부모의 생각이 아이의 미래를 바꿀 수 있다. 어떻게 생각하느냐에 따라 아이들에게 영향을 미친다면, 좋은 생각과 나쁜 생각을 구분해야 할 것이다. 아이들을 위해 긍정적이고 희망적인 생각을 많이 할 때 아이들에게 더 좋은 영향을 미칠 것이다. 따라서 우리는 아이들이 밝은 모습으로 자랄 수 있게 좋은 생각을 많이 하도록 힘써야 한다.

03
돌본다는 것의 의미

어렸을 적에는 삼시 세끼 먹는 것도 어려운 시기였다. 입고, 자고, 공부한다는 것은 호강스러운 일이었다. 부모님 덕에 하루 세끼 굶지 않고 자랄 수 있었지만, 시골에서 생활하는 많은 아이들이 넉넉하게 생활하는 것은 아니었다.

국민학교(지금의 초등학교)를 다닐 때 도시락을 가지고 다녔다. 그때는 난로 위에 도시락을 쌓아 놓고 따뜻해지기를 기다리면서 4교시 수업을 하고, 점심시간이 되면 옹기종기 모여서 도시락을 먹던 추억이 아련히 떠오른다.

슬픈 추억도 있다. 먹을 것이 부족해서 도시락 대신 감자, 고구마와 같은 것을 가져오는 아이들도 있었다. 그러면 쌀밥이나 보리밥을 가지고 온 친구들과 서로 바꾸어 먹기도 하고 나누어 먹기도 했다. 어떤 때 계란 프라이라도 해온 친구가 있으면 점심시간은 난리가 났다.

학부모님과 대화를 해보면 아이를 돌본다는 것에 대해 대체로 먹여 주고, 입혀 주고, 재워 주고, 공부시켜 주는 것을 기준으로 삼는 분들이 있다. "부모가 먹여 주고, 입혀 주고, 재워 주면서 부족한 것 없이 모두 해주는데 도대체 왜 그러는지 모르겠다"라고 말씀하시는 분들도 있다. 필자가 어렸을 때와 같이 끼니도 제대로 못 챙겨 먹는 상황에서는 물질적으로 풍부한 것이 아이들에게 모든 것이 될 수 있었다.

하지만 시대가 변했다. 2011년 한국방정환재단과 연세대 사회발전 연구소에서 조사한 '한국 어린이—청소년 행복지수의 국제비교'에서 보면 OECD 중에서 우리나라가 교육은 1위, 물질적 행복지수가 4위를 차지했다. 반면 주관적 행복지수는 23위, 가족과 친구 관계는 15위에 그쳤다. 먹고, 자고, 입고, 공부하는 것에 대한 행복지수는 만족할 만한데 왜 자신이 스스로 행복하다고 생각하는 주관적 행복지수와 가족과 친구 관계의 행복지수는 낮게 나왔을까?

2012년 9월에 개봉된 인도 영화 〈지상의 별처럼〉에 나오는 대화이다. 난독증이 있는 아이의 교육에 대한 아버지와 선생님과의 대화에서 '돌본다'라는 것에 대해 의미 있는 내용이 있어서 싣는다.

아버지: 선생님께 먼저 말씀드리고 싶어서요.

선생님: 예.

아버지: 제 아내가 최근에 인터넷을 검색해 봤는데요. 난독증에 대해 많

이 읽었습니다. 선생님께 알리고 싶어서요.

선생님: 왜 제게?

아버지: 선생님께서 저희를 자기 자식도 돌보지 않는 부모라고 생각하는 걸 원하지 않아서요.

선생님: 돌본다고요? 그거 아주 중요한 것이죠. 아와시씨. 그것은 치료의 힘이 있어요. 고통을 가라앉히는 진통제처럼요. 아이는 누군가가 자신을 사랑하고 있다고 확신을 하게 되죠. 자주 안아 주고 사랑스럽게 입맞춤을 해주고 내가 진짜로 돌봐준다는 걸 보여주는 거죠. '우리 아기, 나는 너를 사랑해. 어떤 문제가 있던 나에게 와! 네가 미끄러지고 넘어지고 하면 어떡하지? 내가 너와 함께 그곳에 있을 거야' 그런 확신이죠, 돌봐준다는 것은…. 그게 돌봐준다는 것의 의미가 아닐까요? 아와시씨! 아버님께서 돌봐주고 계신다고 생각하신다니 그 말을 들어서 저도 기쁩니다.

아버지: ……. 그럼 저는 이만 가보겠습니다.

영화의 대사 중에서 아이를 돌본다는 것을 "우리 아기, 나는 너를 사랑해. 어떤 문제가 있던 나에게 와! 네가 미끄러지고 넘어지고 하면 어떡하지? 내가 너와 함께 그곳에 있을 거야!"와 같이 말한다. 아이를 돌본다는 것은 부모의 생각이나 기대를 아이에게 지시하거나 강요하는 것이 아니다. 아이들이 지치고 힘들 때 편안하게 쉴 수 있는 곳을 만들어 주는 것이다.

아이들과 대화를 해보면 "선생님! 제 이야기를 들어주는 사람이 없어요", "엄마와 아빠와 대화를 하지만 결국은 엄마와 아빠의 생각을 강요해요" 등과 같은 이야기를 자주 듣는다. 아이들은 자신의 이야기를 들어주고 공감하며 이해해 주기를 바란다. 그저 자신의 어려움과 고충에 대해 하소연하고 힘을 얻어 새롭게 시작하고 싶어 한다. 그런데 부모나 주변 사람들은 "그렇게 하면 안 돼!", "이렇게 해야지!"라고 정답을 가르쳐 주려고 하거나, "쓸데없는 생각하지 말고 너는 공부만 하면 돼!"라고 아이가 하고 싶은 이야기를 모두 차단해 버린다.

  아이들은 스스로 어떻게 해야 하는지 잘 알고 있다. 대부분 자신이 무엇을 하고, 무엇이 필요하고, 무엇을 해야 하는지 정확하게 이해하고 있다. 단지 자신이 힘들 때 쉴 곳과 의지할 곳이 필요할 뿐이다. 우리는 아이들에게 "이렇게 해", "저렇게 해"라고 방법을 제시하기보다 아이들이 갈등과 고통을 내려놓고 평온함을 가질 수 있도록 해야 한다. 마음의 안식처를 제공하는 것이 돌본다는 것의 첫 번째 단계가 아닐까.

04
말 한마디가 아이의 인생을 바꾼다

　　　　　　2000년 초에 모든 교사를 상담교사와 같은 역량을 기른다는 취지로 시작되었던 상담연수를 받은 적이 있었다. 모든 교사가 이수할 수 있도록 학교에서 순번을 만들어 연수에 참가했고 지금도 진행 중인 것으로 알고 있다. 그 당시에는 모든 것이 학업에 집중되어 있던 시기였다. 아이들을 이해하기보다는 학력이 최우선시되었기 때문에 필요성을 느끼지 못했었다. 하지만 필자는 강도 높은 교육을 통해 아이들을 새로운 시각으로 바라볼 수 있었던 좋은 계기가 되었다.

　연수를 받는 동안의 일화를 하나 소개하고자 한다. 4형제 모두 박사학위를 가진 강사에 대한 이야기다. 그 당시 연수생들은 모두가 대단한 집안이라고 생각하였지만, 이야기를 듣고 나니 아주 평범한 가정의 이야기인 것을 알고 감탄을 했다.

그 내용인즉슨, 형제 중에 막내 동생은 사업을 한다고 했다. 사업체를 운영하는 막내 동생은 박사학위가 필요 없었지만 박사학위를 취득하였기에 궁금하여 동생에게 물어보았다고 한다.

형 : 막내야! 너는 박사학위가 필요 없는데도 왜 학위를 받았어?

막내 : 어릴 때부터 어머니께서 '김박사'라고 불러 주시고, 공부를 안 하면 "김 박사, 요즈음 공부가 잘 안되는 모양이지?"라고 말씀하시는 것을 계속 듣다 보니 지금 사업을 해서 학위가 필요 없지만 당연히 박사학위를 받아야 되는 줄 알았어요.

어릴 때부터 어머니는 아이가 박사가 된 것 같이 대우하고 항상 '김 박사'라고 불러주었다는 이유로 자신도 모르게 열심히 공부해서 박사가 되었다는 것이다. 이렇게 작고 소소한 말 한마디가 아이의 인생에 영향을 주기도 한다.

앞에서 언급했던 인도영화 〈지상의 별처럼〉에 나오는 대사 중에 말의 무서움에 대한 내용이 이어서 나온다.

선생님 : 아와시 씨? 이샨 어머니께서 인터넷에서 솔로몬 섬에 대한 이야기를 읽으셨나요?

아버지 : 잘 모르겠습니다.

선생님: 솔로몬 섬에서는 부족민들이 농지를 만들기 위해 숲을 개간해야 할 때 나무를 자르지 않는대요. 그저 모여서 숲을 빙 둘러싸고, 나무에다 욕설만 퍼붓는대요. 나무를 저주하는 거죠. 차츰차츰 그러나 분명히 며칠 뒤에는 나무가 고사하기 시작한대요. 스스로 죽는 거죠.

솔로몬 섬에서 농지를 개간하는 방법이 가히 충격적이다. 숲의 나무를 베거나 태워버리는 것이 아니라 숲을 빙 둘러서서 욕설만 퍼부어도 나무가 고사한다는 대목이다. 사람들이 모여서 욕설을 퍼부은 것이 어떻게 나무를 죽일 수 있겠느냐고 생각할지 모르겠지만 실제로 일어나는 일이다.

만약 부모 또는 아이들을 가르치는 입장에 있는 사람들이 이처럼 아이들에게 부정적인 이야기를 지속해서 한다면 어떻게 될까? 평소에 감정을 조절하지 못하고 다음과 같은 일이 자주 발생한다면 우리 아이에게 어떤 일이 생길까? 깊이 생각해 볼 필요가 있다.

2012년 12월 어느 날, 아직 새벽의 여명도 생기기 전에 출근하였다. 동네를 걸어 나오는데 어떤 어머니와 아이가 차에서 뭔가를 열심히 찾고 있었다. 어머니는 잔뜩 화가 난 듯했고 아이는 '멘붕 상태'라는 것이 느껴졌다. 출근하기 위해 승용차 방향으로 걸어가고 있었는데 갑자기 충격적인 대화가 들렸다. 여기서는 어감과 어투 그리고 억양이 생략되어 느낌이 덜 하겠지만, 필자는 이 충격의 여운이 오랫동안 갔다는 것을 이야기하고 싶다.

어머니: 아직도 못 찾았나? 어디에 뒀어?

아이는 계속 열심히 뭔가를 찾고 있었다.

어머니 : 빙신 같은 게, 쪼다 같은 게. x발놈아….

아이 : ……!

아이는 묵묵부답으로 무엇인가를 계속 찾고만 있었다. 순간 나도 모르게 걸음을 멈추고 그쪽을 쳐다보았다. 사실 지금 이 글을 쓰면서도 그때 가슴이 먹먹했던 기억이 생생하게 떠오른다. 물론 이른 아침부터 시간이 촉박하고, 아이가 조금 부족한 면이 있었다. 그렇다 해도 이런 말을 듣고 자라는 아이는 과연 '무슨 생각을 하면서 자랄까?', '올바른 심상을 만들 수 있을까?'라는 생각을 했다.

말 한마디로 천 냥 빚을 갚는다고 했다. 말에는 발이 있어 멀리멀리 퍼져 나간다고 했다. 말이 씨가 된다고도 했다. 즉, 말에도 에너지가 있다는 뜻이다. 인터넷에 찾아보면 좋은 말과 나쁜 말의 영향에 대해서 많은 실험 결과를 내놓고 있다. 감사와 증오의 글자가 붙은 밥 실험, 양파 실험, 고구마 실험, 마사루 이모토 박사의 '물은 답을 알고 있다'와 같은 실험 등 수없이 많다. 우리의 말과 글은 생명력이라는 에너지가 있다. 우리가 무심코 하는 말이 상대에게 얼마나 큰 영향을 미치는지는 이런 실험을 통하지 않고도 알 수 있다.

학교에서 진행한 '학부모 진로코치 양성 과정'에서 작성한 소감문에서 다음과 같은 내용이 나왔다.

"내가 낳은 자식이라고 아무렇게나 막말하고 상처를 주었던 것이, 결론은 나 자신에게 돌아온다는 것을 최근에 느끼게 되었습니다."

아이와 대화하는 과정에서도 다음과 같은 말을 하면서 필자에게 항변하던 아이의 표정이 지금도 떠오른다.

"엄마들은 왜 해야 할 말과 하지 않아야 할 말을 구분하지 못해요?"

깊이 있게 생각하지 않고 내뱉는 말 한마디 한마디는 그렇게 많은 에너지를 가지지 않을지도 모른다. 그렇지만 이 말이 모이고 모여서 쌓이게 되면 엄청난 파급 에너지가 생긴다. 내 아이의 상태가 어릴 때부터 내가 한 말의 결과라고 생각해보자. 지금부터라도 말 한마디마다 깊이 있게 생각해보고 이야기하는 습관을 길러서 아이들 인생의 터닝포인트를 만들어주어야 한다.

05
부정과 긍정의 사이

　　　　　　　　　　태생적인 것인지 교육 때문인지는 모르겠지만, 사람들은 긍정적인 생각을 한 번 하면 부정적인 생각을 17번 정도 한다고 한다. 이것은 우리가 평소에 긍정적인 것보다 부정적인 생각이나 태도를 더 많이 가진다는 것을 의미한다. 우리는 부정적인 것보다 긍정적인 것이 좋다는 것을 분명히 알고 있으면서도 왜 이런 태도를 보이는지 깊이 있게 고민해 보아야 한다.

　긍정적인 에너지와 부정적인 에너지가 사람에게 미치는 영향은 어떨까? 사람들이 생각하거나 말을 할 때 한 번의 부정적인 에너지를 상쇄하기 위해서는 다섯 번의 긍정적인 에너지를 만들어야 한다고 한다. 이런 자료에도 불구하고 사람들은 부정적인 에너지를 더 많이 사용하는 것은 왜 그럴까?

부정적인 에너지를 만드는 것이 더 효과가 있기 때문일까? 아니면 사용하기 쉬워서일까?

일반적으로 잘못된 점을 지적하여 아이들이 깨우치도록 도와주거나, 잘못한 것을 바로 잡을 수 있도록 가르쳐야 한다고 말한다. 이것이 아이들이 바르게 자라도록 교육하는 것이고 즉각적으로 효과가 나타난다고 생각한다. 하지만 우리는 여기서 작은 오류가 있음을 확인해 봐야 한다. 잘못된 점을 끄집어내어 잘하게 하기보다는 잘하는 점을 강조하여 더 잘할 수 있도록 하는 것이 더 중요하다. 장점을 강화하는 것이 단점을 수정하는 것보다 에너지가 적게 쓰이고 더 효과적이다.

마더 테레사는 '전쟁 반대 운동'에는 참석하지 않았지만 '평화운동'에는 참석했다고 한다. 내용적인 측면에서는 똑같은 이야기일지 모르겠지만 근본적으로 다르다고 할 수 있다. 그 비밀은 '전쟁'과 '평화'라는 단어에 있다.

'전쟁 반대'와 '평화운동'은 결과론적으로 같은 이야기일지라도 시작에서 '전쟁'과 '평화'라는 의미는 다르다. 즉, 말을 하거나 구호를 외칠 때 다른 에너지가 나오게 된다는 것이다. '전쟁'은 강력한 투쟁의 에너지가 나오지만 '평화'는 아름다운 사랑의 에너지가 나온다.

이처럼 우리가 사용하는 말은 의미가 같아도 다른 에너지가 나오게 된다. 잘못된 부분을 교정하기 위해 강조해서 나타내는 것이 단기적으로 더 효과가 있을지 모르지만 장기적인 안목에서는 마이너스적 효과가 발생할 수 있다.

자신과 사회를 긍정하고 주변의 모든 것을 긍정하는 것은 높고 넓은 시각을 가진다. 그렇게 자신을 성장시키면서 많은 긍정적인 에너지를 주변에 파급할 수 있는 것이 아닐까? 긍정적인 에너지를 표현하고 생각하는 것이 자신뿐만 아니라 사회를 긍정적으로 변화시키는 지름길이 아닐까 생각해 본다. 비록 그것의 효과가 느리게 나타날지라도 말이다.

아이들과 생활하는 부모는 한마디, 한마디가 아니라 한 단어, 한 단어를 조심하게 선정해야 한다. 부모의 말이 당장은 아닐지라도 이것이 쌓이고 쌓이다 보면 언젠가는 아이들에게 영향을 미칠 것이기 때문이다.

이 비밀을 알고부터 말을 적게 하고 절제한다. 가끔은 말하는 것이 두렵기까지 한다. 대신 내 생각을 이야기하는 것보다는 "그렇구나!", "그렇지!", "네 생각은 어떠니?"와 같이 아이의 이야기를 공감하고 경청하는 방향으로 대응한다. 필자는 말이 씨앗이 되어 주변 상황을 만들어 간다고 생각한다. 한 마디, 한 단어 조심해서 골라서 해야 할 필요가 있다. 내가 이야기한 것이 나에게 또는 아이들에게 어떠한 영향을 미칠지 모르기 때문이다.

06
강요는 동기부여의 적

'말(馬)을 물가에 끌고 갈 수는 있어도 억지로 물을 먹일 수는 없다.'

어릴 때 아버지에게 수없이 들었던 이야기다. 부모가 아무리 좋은 의도로 자식을 이끌어 보려 해도 아이가 스스로 노력하지 않으면 아무 소용이 없다는 말이었을 것이다. 그때는 왜 이런 말씀을 하시는지 잘 몰랐지만 철이 들면서 조금씩 그 뜻을 이해할 수 있었다.

말에게 물을 먹이기 위해 물이 있는 곳까지 끌고 갈 수는 있을지라도 물을 먹을지 먹지 않을지는 말의 의사에 달렸다. 같은 맥락으로 아이에게 억지로 공부하라고 책상에 앉혀 놓지만 공부를 하고 하는지 하지 않는지는 아이의 뜻이다. 말에게 소금을 먹이면 물을 잘 먹듯이 아이에게도 소금과 같은 역할을 하는 것으로 대응하면 된다고 한다. 하지만 이렇게 대응하는 것이 과연 얼마나 지속적인 효과를 볼 수 있을까?

한 아이가 초등학교 시절 공부하는 습관에 대해서 이야기를 하면서 후회하는 것을 보았다. 초등학교 때 꽤 공부를 열심히 하고 잘했던 아이였다. 그런데 어떤 계기로 공부와 담을 쌓게 되었다고 한다.

어느 날 이 아이는 공부를 하는 것이 너무 지겹게 느껴지기도 하고 친구들과 같이 놀고 싶다는 생각을 했다고 한다. 공부에 집중할 수 없었고 학습의 효율성이 떨어져 매일 해야 하는 학습량을 채우지 못했다. 아이의 머릿속에는 친구들과 놀고 싶은 생각이 자리잡고 있어 학습에 대한 집중력이 떨어지다 보니 성적이 떨어지는 것 또한 당연한 결과였다.

이것을 보다 못한 어머니가 제안했다. "오늘 무엇, 무엇을 다하면 네가 놀고 싶은 것을 하도록 해주겠다"라고 말이다. 이렇게 멋진 당근이 어디 있겠는가? 자신이 놀고 싶다는 마음을 엄마가 알고 제안을 하니 말이다. 아이는 정말로 열심히 공부했다고 한다. 평소와 다른 집중력을 발휘하여 친구들과 충분히 놀 수 있는 시간을 확보할 만큼 열심히 공부했다. 그날 어머니가 제시한 학습량을 모두 채우고 친구와 놀고 싶어 들뜬 마음으로 나가려고 했다. 그런데 어머니께서 한마디 하셨다.

"우리 딸 잘하네, 이렇게 잘하는데 그동안 뭐했어? 오늘 이것만 더하고 나갈래?"

그다음부터 어떻게 되었을까? 아이는 엄마가 제안하는 어떤 것도 믿지 않왔다고 한다. 그날 해야 할 학습량이 있다면 최대한 느슨하게 공부해서 시간을 맞추었다. 어차피 공부를 빨리해도 놀 수 있는 것이 아니었기 때문에 골치 아프게 집중해서 공부할 필요성을 느낄 수가 없었다. 오히려 한 시간 만에 학습할 수 있는 것을 한 시간 반 또는 두 시간 시간을 늘렸다. 엄마는 점점 더 아이가 공부하지 않는다고 안달하고, 아이는 점점 느긋해졌다. 아이는 오히려 마음이 편안해졌다고 한다.

이것이 습관이 되어 공부할 때 집중력이 떨어지고 공부에 대한 의욕도 점점 잃어갔다. 고등학교 들어와서 입시에 대한 압박과 친구들과 주변의 상황들을 보고 공부를 해야겠다고 생각을 하고 시작해 보았지만 이미 좌절감만 맛보았다고 했다.

이 이야기를 들으면서 참 안타까운 마음이 앞섰다. 공부를 시키고자 하는 어머니의 작은 욕심이 공부에 대한 반감을 품은 아이로 만들어버렸다. 말을 억지로 물가에 끌고 가서 물을 먹이려던 폐해가 나타난 것이다. 즉 말에게 소금을 먹인 결과다.

'만약 그때 어머니가 아이에게 약속한 것을 실행에 옮겼더라면 어떻게 되었을까?'라고 생각해본다.

무엇이든지 아이가 하려고 하는 의지가 없으면 행동으로 옮기기 어렵다. 학교에서 보면 교실에서 일반교과 수업뿐만 아니라 체육, 음악, 미술 등 예체능과 같은 어떤 수업에서도 잠을 자거나 딴짓하면서 수업에 참여하지 않는 아이들이 있다. 몸으로 움직이는 활동을 하면 조금이라도 하겠지라는 생각에 활동성이 많은 수업으로 진행해 보지만 의욕이 없는 아이들은 언제나 뒷전에 물러나 있다. 같이 해보라고, 열심히 하라고 독려해도 꿈쩍도 하지 않는다. 그렇다고 혼내면 혼낸다고 짜증을 부린다. 자는 아이를 깨우면 깨운다고 짜증을 부리는 아이에게 애원하거나 설득하는 방법 이외에 무엇이 있을까? 학습뿐만 아니라 모든 생활에 의욕이 없는 아이들에게 어떠한 방법으로 설득해도 꿈쩍도 하지 않는 아이들을 어떻게 해야 할까?

동기(motivation)는 사전적으로 '사람이나 동물에게 어떤 자극을 주어 행동하게 하는 일'이라고 정의되어 있다. 즉, 어떤 목표를 지향하고 행동하도록 동기부여가 된 사람은 그렇지 않은 사람들보다 성공할 확률이 높다고 한다.

사람에게는 칭찬과 같은 보상으로 일어나는 외재적 동기와 흥미 또는 호기심과 같이 자기 생각으로 인해 일어나는 내재적 동기로 분류할 수 있다. 외재적 동기와 내재적 동기에는 서로 장단점이 있지만 무엇보다도 아이들이 무엇이든 하고자 하는 의욕과 열정이 생기기만 하면 된다.

이러한 동기를 일으키기는 쉽지 않다. 아이에 따라 매일 또는 매순간 하고자 하는 동기가 생기기는 하지만 이것을 이어가지를 못하는 경우가 많다. 몇 년 동안 한 번도 무엇인가를 하고자 하는 동기가 생기지 않는 아이도 있다. 이럴 때는 어떻게 해야 아이들에게 동기가 일어나게 할 수 있을까?

아이의 동기를 일으키기 위해 어느 순간 무엇인가를 하라고 해서 생기기는 어렵다. 물의 끓는점은 100℃다. 99℃에서 끓지 않고 100℃에서 끓는다. 물이 99℃까지는 가만히 있다가 100℃에 끓듯이 아이도 동기를 일으키기 위해 오랜 시간 동안 숙성기간이 필요할지 모른다. 어느 날 갑자기 "이렇게 하는 것이 좋겠어!"라고 조언을 한다고 해서 생기는 게 아니라는 것이다.

　사람이 즐거운 일을 하면 뇌 신경전달물질인 '도파민'이 증가하고 곧바로 쾌감을 담당하는 측핵(nucleus accumbens)을 자극하게 된다. 측핵은 쾌락 중추라고 불리며 기쁨과 보상 그리고 동기부여에 관여하는 부분이다. 즉, 즐겁고 행복한 일을 하면 동기가 생긴다는 뜻이다. 아이들은 스스로 즐겁고 행복하게 할 수 있어야 한다. 우리는 아이들의 가슴속에 열정의 등불이 활활 타오를 수 있도록 도와주기만 하면 된다.

07
열정이 생길 기회를 만들어 주자

이번 장의 초반부에 학습된 무기력 때문에 자신의 능력만큼 뛰어오르지 못하는 벼룩에 관해 이야기했다. 벼룩을 투명한 유리병과 같은 한정된 공간에 가두었다. 그리고 뚜껑에 막혀 더는 높이 뛰어오르지 못하도록 상황을 만들어서 실험하였다. 그렇게 얼마간의 시간이 지나고 벼룩을 병 밖으로 풀어 놓았을 때 벼룩은 병의 높이 이상으로 뛰어오르지 못한다는 것을 확인했다. 이것이 바로 반복된 실패로 인한 학습된 무기력이다.

대화코칭을 하면서 어릴 때부터 학습된 무기력 때문에 웬만한 것에는 관심이 없어 하는 아이들을 가끔 만난다. 자신이 무엇을 하고 있는지도 모른 채 멍하게 생활하고 있다. 이런 아이들에게 동기부여를 한다는 것은 쉽지 않다. 무기력해진 벼룩과 같이 자신의 틀에서 벗어나려고 노력하지 않는다. 이 아이들에게 누군가의 조언이나 충고는 '소귀에 경 읽기'와 같다. 무기력해진 벼룩은 병의 바닥에 알코올램프로 가열하였을 때 위기를 느껴 얼마 후 병 속에서 탈출하지만 우리 아이들은 웬만한 상황에서도 요지부동이다. 이러한 아이들에게 열정이 생기도록 도와줄 방법은 없을까?

 필자는 그 해답이 호기심에 있다고 본다. 국어사전에서 호기심(好奇心)이란 '새롭고 신기한 것을 좋아하거나 모르는 것을 알고 싶어 하는 마음'이라고 했다. 궁금한 것에 대해 알고자 하는 호기심은 인간에게 크나큰 장점이다. 인간이 가지고 있는 호기심 때문에 새로운 것이 발명된다. 전기가 발명되고 우주선이 만들어져 달과 화성을 탐험하고 있다. 이 모든 것은 인간의 호기심에 기인한다. 그리고 뭔가를 해보고 싶은 열정을 만들어 내는 것이다.

 우리는 아이들이 어릴 때부터 호기심에 대해서 어떻게 다루어졌는지 되돌아봐야 한다. 어른들이 대화를 나눌 때 아이들이 그 내용이 궁금하여 질문하면 버릇없는 아이로 낙인을 찍은 것은 아닌지 또는 "넌 몰라도 돼!"라고 대답하여 아이의 궁금증을 풀어주지 못한 것은 아닌지 말이다. 아이들이 조금이라도 위험해 보이는 행동을 취하면 그것을 경험해 보지 못하도록 막아선 것은 아닌지 되돌아보아야 할 것이다.

 아이들의 호기심은 새로운 정보를 습득할 좋은 기회를 제공하는 통로다. 다만 우리는 아이들의 호기심을 없애는 방향으로 교육하고 있는 것은 아닌지 생각해 보아야 한다. 사물에 대한 호기심이 없는 아이들에게 열정적인 의욕을 일으켜 보라고 해서 갑자기 불꽃 같은 열정이 일어나겠는가?

그렇다면 어릴 때부터 호기심을 키워주지 못한 아이들은 어떻게 해야 할까? 먼저 이 책에서 이야기하는 대화법을 권하고 싶다. 아이들과 대화를 위해서는 제일 먼저 신뢰형성이 중요하다. 아이와의 신뢰가 형성되면 그 생각을 존중할 수 있으며, 아이의 생각을 존중할 수 있는 사람은 아이를 이해할 수 있게 된다. 따라서 아이와 의사소통을 할 수 있는 준비가 되어 있다. 아이 위에서 군림하고 관리하는 것이 아니라 아이와 같은 눈높이에서 아이를 바라보거나 또는 아이보다 아래에 서서 아이를 이해하도록 노력하는 것이 대화의 시작이다.

이렇게 아이의 이야기를 이해하려고 노력하고 공감하는 자세로 경청을 하면 아이는 스스로 존중받는 느낌을 받게 된다. 그리고 자기 생각을 정리하면서 자신의 길을 찾아간다. 이런 방법으로 필자와 대화코칭을 하고 나면 대부분의 아이들은 "뭔가를 해야 할 것 같아요!", "대화코칭을 마치고 바로 계획을 세워 열심히 해야겠어요!"라고 이야기한다.

아이와 대화코칭을 통하여 동기를 부여하기 위해서는 인내, 또 인내, 즉 무한한 인내력이 필요하다. 하지만 이런 대화를 통하여 아이들이 변화할 수 있다면 어떤 노력이 필요하더라도 한 번쯤 시도해 볼만한 가치가 있다고 생각한다.

08
경험을 통해 열정을 일으키자

　　　　　　아이들에게 호기심과 열정을 일으키기 위해서는 현장 경험 중심의 학습을 하는 것도 좋은 방법이다. 조금만 시간을 내서 주변을 둘러보면 아이들에게 경험할 수 있는 장소가 많이 있다. 필자는 딸 아이가 어렸을 때 대구광역시 과학교육원, 대구 욱수천 공룡 발자국 화석지와 같은 곳을 찾았다. 아이와 새로운 경험을 쌓기 위해 여행을 했던 기억이 있다.

　아마 아이가 초등학교 4학년 말이었던 것 같다. 사회과목을 공부하는데 많이 힘들어 하는 것 같다는 이야기를 아내에게 들었다. 그래서 이벤트를 준비했다. 4학년 겨울 방학 때 사회 교과에 나오는 주요 지역을 방문하기로 했다. 아내가 아이의 책을 보고, 한국 최초의 저수지인 충북 제천의 의림지,

직지심체요절(청주 고인쇄박물관과 흥덕사), 통일전망대, 속리산 등 아이의 교과서에 나오는 지역을 여행했다.

다음 해 여름방학에는 과학 관련해서 여행을 기획하여 대전지역을 방문했다. 우리나라 과학의 요람지인 대전에 며칠을 머물면서 대전 엑스포, 대전 시민천문대, 한국천문연구원, 대전 국립중앙과학관 등을 방문했다. 첫날에 대전 국립중앙과학관을 찾았고 저녁에는 시민천문대를 방문하여 천체망원경으로 목성과 토성을 직접 관찰하였다. 다음 날 저녁에는 엑스포를 방문하였는데 한국천문연구원에서 별을 관찰하는 행사가 있어 참여하는 행운을 얻기도 했다.

여행을 통하여 아이는 사회에 대한 어려움을 어느 정도 해소한 듯했다. 과학 분야에 대한 관심을 많이 가지고 독서를 하는 모습을 보이기도 했다. 이런 경험이 이과를 선택하는 계기가 되었지 않았나 생각한다.

책을 읽는 습관을 길러주자. 어느 대학의 입학사정관은 "독서는 아무리 강조해도 지나치지 않다"고 했다. 대학입시에서도 독서의 중요성을 이야기했다. 하지만 책에 익숙하지 않은 아이들에게 독서를 시킨다는 것은 그리 쉬운 일은 아니다.

평소 경제적 여건과 시간 때문에 직접 경험을 할 기회는 많지 않다. 특히 고등학생은 아침에 일찍 등교하고 밤늦게 하교하며 방학 때는 보충수업 때문에 학교에 묶여 있는 경우가 많다. 아이들에게 다양한 체험을 할 시간이 부족한 것은 당연하다. 독서는 그런 아이들에게 간접 경험을 할 수 있는 좋은 방법이다. 학교에서 직업 체험 또는 각종 행사를 통해 다양한 체험의 기회를 제공해도 관심조차 없는 아이들도 있다. 따라서 독서를 통한 간접적인 경험으로 세상을 바라보는 시선과 사고력을 기르는 것이 필요하다.

독서는 필요에 의한 독서보다 자신이 좋아하는 분야에 대한 독서를 먼저 하는 게 좋다. 독서를 통하여 책과 친해지는 것이 더 중요하기 때문이다. 어느 정도 책을 읽는 것이 익숙해지고 부담이 없어지고 나면 다양한 장르의 책을 읽도록 도와주어야 한다.

음식을 편식하는 것과 같이 아이들은 자신이 좋아하는 분야만 독서하려는 경향이 있다. 과학을 좋아하는 아이, 추리소설만 좋아하는 아이, 판타지 소설만 좋아하는 아이, 문학만 좋아하는 아이 등 좋아하는 장르에만 집중하는 아이들을 자주 보게 된다. 이것은 견제해야 한다. 아이들은 새롭고 다양한 것을 흡수하고 배워 자신의 진로를 결정해야 한다. 아는 만큼 세상을 바라볼 수 있고 자신의 삶에 대해 깊은 고찰을 할 수 있기 때문이다. 따라서 자신이 좋아하는 부분에만 집중하지 말고 균형 있는 독서를 할 수 있도록 해야 한다. 필자는 아이들에게 일주일에 문학 부문 한 권, 비문학 부문 한 권 정도 읽기를 권장한다.

경험이 직접적이든 간접적이든지 간에 이 모든 것들이 아이에게 궁금증을 만들어 주는 계기가 될 수 있다. 호기심이 많은 아이는 끝없이 궁금한 것을 찾고 그것에 대한 해답을 내리려고 노력할 것이다.

09
소통(疏通)의 중요성

가끔 아이들에게 부모님과 대화를 많이 하느냐고 물어본다. 일부 아이들은 부모님과 대화를 원활하게 하고 있다고 하고 부모님이 자신의 이야기를 잘 들어주신다고 한다. 그러나 대부분 별다른 반응이 없다. 부모와 대화의 흐름에 대해서 다음과 같이 이야기를 한다. 그러면 아이들은 "맞아요!"라고 합창을 하면서 박장대소한다.

부모 : 애들아! 우리 오랜만에 이야기 좀 할까?
아이 : 별로 할 이야기 없는데요.
부모 : 에이, 그러지 말고 오늘은 네 이야기를 해봐! 아빠가 네 이야기를 듣고 싶네. 무엇이든지 이야기해 봐!

아이 : 제가 하고 싶은 것은요….

(잠시 후 아이의 이야기를 몇 마디 듣다가)

부모 : 그건 아니고! 그건 네가 몰라서 하는 소린데, 아빠가 어렸을 때는 말이야…. (또는 네가 아직 세상을 살아보지 못해서 뭘 몰라서 그런 거야.)

아이 : …….

이렇게 시작된 잔소리가 끝이 날 때쯤이면,

부모 : 다 네가 잘되라고 하는 소리야.

대화를 시작하자고 해놓고 아이의 이야기는 들어보지 않은 채 결국 부모님의 생각을 아이에게 세뇌 또는 강요하는 것으로 끝난다. 이 정도로 순조롭게 마치면 좋겠지만 심할 때는 질책하고 비난하는 말로 아이의 기를 죽이는 대화가 많이 있다고 한다. 아이들은 '혹시나!'라는 작은 기대로 시작했다가 '역시나!'라는 마음으로 대화를 마친다. 언제나 부모님의 일방적인 대화로 끝나기 때문이다.

현대 사회에서 소통의 시대라고 할 정도로 소통에 대한 이야기를 많이 한다. 하지만 소통이 잘 이루어지지 않기 때문에 언제나 불협화음으로 시끄럽다. 소통이라는 말은 쉬운 듯하면서도 실천하기 어려운 일인 것 같다. 누구나 소통의 필요성을 알고 실천하려고 하지만 '소통'이 아니라 '불통'으로 결론이 나기 쉽기 때문이다.

소통의 사전적 의미는 '서로 뜻이 통하여 오해가 없음'이라고 한다. 우리가 대화 중에 뜻이 통하고 오해가 없도록 하려면 어떻게 해야 할까? 여기 사람들과 만나 대화할 때 의사 전달에 관한 법칙이 있다. 미국의 심리학자인 앨버트 메라비언(Albert Mehrabian)이 발견한 법칙이다.

앨버트는 사람들이 만나서 대화하게 되면 말의 내용만으로 의사를 전달하지 않는다고 한다. 전체 대화 내용 중에 시각적 요소(body language)가 55%를 차지하고, 이 중에서 표정은 35%, 태도는 20%의 의사 전달 기능이 있다. 또한 청각적 요소(tone of voice)인 목소리의 어감, 어투와 같은 것으로 38% 정도의 의사 전달이 이루어지며, 말(word)의 내용으로 의사 전달이 이루어지는 것은 겨우 7% 정도라고 한다. 정리하자면, 우리가 대화를 할 때 언어적으로 의미를 전달하는 것은 7% 정도뿐이지만 비언어적으로 의미를 전달하는 것이 93% 정도를 차지하고 있다는 말이다.

메라비언의 법칙

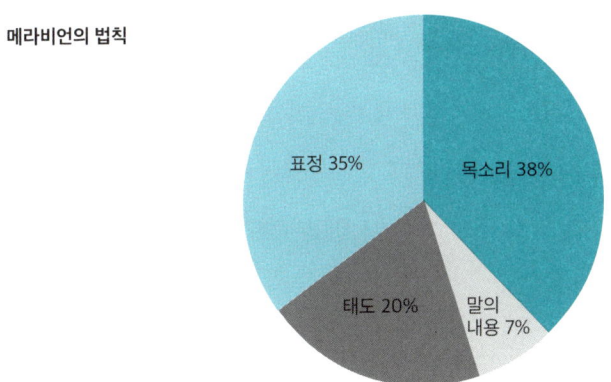

우리는 아이들과의 대화에서 이 부분에 대해서 깊이 있게 생각해 봐야 한다. 7%밖에 되지 않는 말에만 집중하고 나머지 93%는 등한시한다면 소통이 제대로 이루어지기가 어려울 것이다.

10
대화는 캐치볼이다

'학부모 진로코치 양성과정' 프로그램에서 간단한 실험을 한다. 먼저 학부모님께 먼저 양해를 구하고 세 가지 종류의 던지기를 할 것이기 때문에 종이 뭉치를 받아보라고 한다. A4용지를 공처럼 똘똘 뭉쳐서 학부모님에게 던지기를 한다. 그리고 이때 각각의 상황에 대해 느낌을 알아보라고 일러둔다.

먼저 필자와 학부모님은 서로 마주보고 선다. 그리고 필자가 학부모님에게 정중하게 종이 뭉치를 던진다. 두 번째는 옆으로 서서 던지고, 세 번째는 뒤로 돌아서서 휙 던져 버린다. 이런 실험에서 언제나 같은 반응이 나온다. 첫 번째 던지기에서는 특별한 느낌이 없다거나 공손한 느낌을 받았다는 분이 계시고, 두 번째에서는 조금 기분이 나쁘다는 반응을 보인다. 한편 뒤로 돌아서서 휙 던지는 세 번째에서는 짜증이 밀려오거나 화가 울컥 치밀어 오른다고 한다.

여기서 필자는 이 상황을 아이들이 학교에서 집으로 돌아왔을 때와 비교해 보라고 한다. 첫 번째는 아이의 가방을 받아주고 아이에게 하루 동안 어떤 일이 있었는지 힘들지는 않았는지 눈을 맞추면서 대화를 하는 것이다. 두 번째는 아이에게 무관심하게 "학교 갔다 왔어?"라고 하는 상황이고, 세 번째는 부모님이 하고 있는 일을 하면서 뒤도 돌아보지 않고 "씻고 들어가서 공부해! 이따 간식 갖다 줄게!"라는 상황이다. 세 가지를 비교한 상황을 통해 아이의 입장에서 어떤 기분일지 질문을 한다. 부모님 대부분은 세 번째와 같은 상황에 대해 "아~!"라고 하시면서 마음으로 안타까워한다.

키플링 D. 윌리엄스(Kipling D. Williams)가 동료들과 고안한 한 실험을 살펴보자. 세 명의 실험 참가자가 있다. 과제는 서로 공을 던져 주고받는 것이다. 그런데 이 중 두 명이 주로 공을 주고받고 나머지 한 명에게는 공을 잘 주지 않는다. 이 경우 공을 잘 받지 못한 한 명에게는 어떤 일이 일어날까?

소외된 사람(공을 잘 받지 못한 사람)은 우선 분노를 느끼게 된다. 그리고 이내 의기소침해진다. 기분이 급격히 나빠질 뿐만 아니라 자신의 가치에 대해 의심하게 되고 이내 자존감이 곤두박질친다. 또한 어떤 일을 자신이 원하는 대로 해낼 수 있다고 여기게 하는 통제감도 떨어진다. 이러한 통제감은 근자감(근거 없는 자신감 또는 비현실적으로 높은 통제감)의 원천이 되기도 하는데, 소외감을 느끼면 우리 삶에 쏠쏠한 재미를 불어넣는 이 근자감마저 하락하게 된다. 그리고 여기서 더 나아가 심지어 '나는 존재할 가치가 있는가?'라는, 답도 없고 생각하면 할수록 우울해지기만 하는 존재론적 질문들까지 하게 된다.

― 눈치 보는 나, 착각하는 너(박진영, 시공사)

어릴 때 캐치볼을 해본 적이 있을 것이다. 캐치볼은 공을 던져 주고 받으며 이루어지는 게임이다. 만약 누군가가 공을 던져 주지 않는다면 그 게임에 참여할 수 없다. 우리는 아이들과 대화를 할 때 자신의 생각을 일방적으로 전달하는 방식의 대화를 하는가? 아니면 아이의 이야기를 들으면서 주고받는 대화를 하는가? 아이들과의 대화뿐만 아니라 모든 대화는 캐치볼과 같다. 주고받는 대화가 되어야 서로 소통이 이루어진다.

11
아이의 뇌는 '공사중'

"요즘 아이들은…."

"요새 아이들을 보면 세상이 말세야, 말세!"

이러한 말들은 지구 상에 인간이 존재하면서부터 생긴 말이 아닌가 생각한다. 우리들의 아버지, 할아버지 더 나아가서는 조선 시대, 고려 시대, 신라 시대 그리고 고조선 시대. 어느 시대이건 간에 기성세대가 청소년들을 대하면 언제나 제일 먼저 나오는 말이다. 어렸을 때 어른들이 하는 말을 듣고 자란 아이들이 성인이 되어 같은 말을 하고 있기 때문이다.

도대체 왜 이런 말들이 시대를 떠나서 아이들을 만날 때마다 나오게 되는가? 똑같은 말들이 어느 시대를 불문하고 반복되어 나온다는 것은 생각해볼 만한 문제다. 여기에서 뇌의 발달단계에 관해 설명해 보고자 한다.

1964년 미국의 교육심리학자인 벤저민 블룸은 만 17세에 측정한 기준으로 보았을 때, 뇌의 발달 단계는 임신 당시부터 4세 사이에 약 50% 정도 발달하고 4~8세에 약 30% 그리고 8~17세에 나머지 20%가 발달한다고 한다.

 뇌 전체에는 약 1,000억 개의 신경세포가 존재한다. 그중에서 사고와 기억을 관장하는 것은 '생각하는 뇌'이며 영장류에만 존재하는 대뇌 신피질로서 그 세포의 숫자는 약 140억 개 정도가 있다. 이 대뇌 신피질의 발달은 생후 3세 때까지 80%의 발달을 이루고, 10세 때 90%, 20세가 되면 100%의 발달을 이룬다고 한다. 생후 3세 때까지의 뇌 발달이 아주 중요하다는 점을 시사하고 있다. 연구 결과를 보면 청소년 시기인 10대 때의 뇌 발달은 10% 정도밖에 변화가 없는 데도 불구하고 중요하게 여기는 이유는 무엇일까?

 '시냅스(synapse)'는 두 개의 신경세포(뉴런) 또는 신경세포와 근육세포를 연결하는 부위를 가리키는 말이다. 뇌에는 천억 개의 신경세포가 존재하며 서로 복잡한 신경망으로 구성되어 있다. 한 개의 신경세포는 몇십 개에서 수천 개의 다른 신경세포와 시냅스라는 연결을 통해 신호를 주고받으며 학습 기억 등 지적 능력을 발휘한다. 따라서 뇌의 우수한 정도는 뇌세포의 개수보다는 뇌세포끼리 시냅스에 의해 얼마나 잘 연결되어 신호를 주고받을 수 있는지에 달려 있다고 할 수 있다.

 시카고 대학 후텐로커 박사의 연구에 의하면 일생동안 뇌에서는 새로운 시냅스가 만들어지고 불필요한 시냅스는 제거된다고 한다. 즉, 새로운 정보를 받아들이면 새로운 시냅스가 만들어지고, 자주 사용하지 않는 정보는 시냅스가 강화되지 않아 사라지게 된다. 이것을 '시냅스의 가지치기'라고 한다. 3세경에는 1000조 개의 시냅스가 형성되었다가 청소년기 이후부터 시냅스의 가지치기로 인해 시냅스의 생성보다 제거의 과정이 더 활발하게 이루어져서 500조 개 정도만 남는다고 한다. 지속적으로 사용되는 시냅스는 강화되어 영구적인 회로로 남게 되지만 사용하지 않는 시냅스는 사라져 버린다. 그 사람이 가지고 있는 개인적인 지식과 성향을 가지게 되는 요소가 된다는 것이다.

시냅스의 가지치기 과정을 자세히 보면 시냅스의 개수가 급격하게 변화하는 시기가 있음을 알 수 있다. 제일 먼저 아이가 "엄마", "아빠"라고 말을 배우기 시작할 때다. 태어나서 귀와 눈 등 감각 기관을 통하여 정보를 받아들이는 시기에서는 말을 한다는 것이 겨우 옹알이 정도이다. 아이가 완성된 단어로 말을 시작하면 시냅스가 폭발적으로 증가한다.

다음으로 우리가 '미운 7살'이라고 하는 시기이다. 얼핏 보면 아이들이 부모님을 시험하기라도 하는 것 같은 태도를 보인다. 사사건건 투덜대고 태도를 고치기 위해 뭐라고 말이라도 하면 "알았어!", "됐지!"와 같이 말대꾸를 한다. 말도 안 되는 주장을 펴면서 반항을 하기도 한다. 이 시기를 가만히 들여다보면 아이가 글을 배우는 시기이다. 글을 읽고 쓰고 셈을 배우는 시기이다 보니 아이의 시냅스가 폭발적으로 증가하게 되는 것이다.

마지막으로 '폭풍질주의 시기', 즉 청소년의 시기이다. 이 시기에는 알고 있는 지식이 부족할뿐더러 뇌의 발달이 아직 미숙하지만 뇌의 시냅스는 폭발적으로 증가한다. 이 책에서 주목하고자 하는 시기이기도 하다.

이 시기에는 호르몬의 변화가 급격하게 일어나기 때문에 수면의 불균형,

감정의 기복의 변화 정도, 다면적 생각의 부족 등이 나타난다. 따라서 급격한 호르몬의 변화로 몸의 상태가 달라지면서 느낌이 달라지고 생각이 달라진다. 겉으로 보기에는 아주 성숙해 보일지 모르겠지만 지적 능력이나 판단력과 같은 것은 아직 성숙한 단계라고 볼 수 없다. 의도적으로 부모들을 골탕먹이기 위한 행동과 태도를 보이는 것이 아니라 자신도 무엇을 어떻게 해야 하는지 모르기 때문에 생각 없이 그런 말과 행동을 하게 되는 것이다.

일반적으로 12~14세부터는 추상적 개념과 논리적 사고를 시작한다. 이 시기의 아이들의 뇌는 대대적으로 '공사중'이다. 이때까지 흡수한 정보를 버릴 것은 버리면서 새로운 정보를 받아들인다. 아이의 '자아'와 '개성'이 형성되는 중요한 시기라고 할 수 있다. 집을 짓는 것으로 예를 들면 작은 집을 개편하여 큰집으로 바꾸는 과정을 말한다.

이렇게 중요한 시기에 우리는 아이들의 잘못만 탓하고 지날 것이 아니라 아이가 가지고 있는 뇌의 특성과 발달단계를 잘 이해하고 그것에 따라 아이를 대하는 태도를 변화시키는 것이 중요하다. "요즈음 아이들이란!"이라는 말보다는 아이가 처해 있는 상황을 이해하고 생각을 들어주면서 아이들과 관계개선을 하는 것이 무엇보다도 중요하다.

청소년기 아이들의 뇌는 공사중이다. 이 공사중인 뇌를 잘 다듬어서 아이들이 지적·정신적으로 잘 성장할 수 있도록 도와주어야 한다.

12
실수와 실패에 관용을 베풀자

다음은 KFC 창업자 커넬 할랜드 샌더스 (Colonel Harland Sanders)에 대한 이야기다. 인터넷에서 〈1009번째의 기적〉이라는 동영상으로 성공과 실패에 대한 좋은 내용이 있기에 발췌해서 적어 보았다.

6살에 아버지를 잃고, 일하는 어머니와 어린 두 동생을 위해 웬만한 요리는 다 할 정도로 집안일을 도맡아야 했다. 10살의 나이로 농장에서 일해야 했다. 그리고 12살. 어머니가 재혼하게 되면서 그는 고향을 떠났다. 페인트공, 타이어 영업원, 유람선, 주유소 닥치는 대로 일해 오며 어느덧 중년의 나이를 맞았다. 그리고 황혼의 나이에 접어들면서 이제는 제법 인정받을만한

레스토랑을 가지게 되었다. 하지만 1년도 되지 않아 그는 모든 것을 잃었다.

65세의 나이였다. 그리고 그와 함께 수중에 남은 돈은 사회보장금으로 지급된 105불이 전부였다. 완전한 파산이었다. 65세의 노인이 단돈 105불을 가지고 무엇을 새로 시작할 수 있단 말인가? 그러나 이 노인은 낡아빠진 자신의 트럭에 남은 돈을 몽땅 털어서 산 압력솥을 싣고 다시 길을 떠난다. 그 동안 레스토랑을 운영하며 꾸준히 개발해 온 독특한 조리법 그것을 팔아보기로 한 것이다. 트럭에서 잠을 자고 주유소 화장실에서 면도하며 미국 전역을 돌았다.

'다 늙어서 무슨….'

주변의 냉랭한 시선들 그런 것에 힘들지는 않았다. 다만 극복해야 할 시련은 있었다. 그가 믿었던 소중한 꿈이 사람들에게 외면당한다는 것이었다.

그것도 1008번이나 거절, 허름한 이 노인에게 로열티를 지급하고 조리법을 사줄 식당주인은 쉽게 나타나지 않았다. 1008번의 거절……. 쉽지 않은 도전이었다. 실패하면 방법을 달리해서 또 도전한다.

할 때까지….

될 때까지….

이룰 때까지….

그가 그렇게 보낸 시간이 2년, 드디어 처음으로 그의 요리법을 사겠다는 사람을 만나게 된다. KFC 1호점이 탄생하는 순간이었다.

— 인터넷 동영상 '1009번째의 기적' 중에서

성공과 실패의 차이점이 무엇일까? 국어사전에 보면 성공은 '목적하는 바를 이룸', 실패는 '일을 잘못하여 뜻한 대로 되지 아니하거나 그르침'이라고 표현되어 있다. 필자는 개인적으로 '성공은 될 때까지 하는 것이고 실패는 중간에 포기하는 것'이라고 이야기하고 싶다. 자신이 목적한 바를 중간에 그만두게 되면 실패가 되고, 그것이 이루어질 때까지 하면 성공이 된다.

우리는 아이들을 대할 때 실패에 초점을 맞추는 것 같다. 아이들이 사회적 통념에서 조금이라도 벗어나면 혼을 내고 성적이 조금만 떨어져도 영원히 좋은 대학을 갈 수 없을 것 같이 말한다. 그리고 인생의 낙오자처럼 절대로 성공하기 어렵다는 듯이 이야기하는 경우도 있다.

> 훌륭한 생각을 하는 사람은 많지만 행동으로 옮기는 사람은 드물다. 나는 포기하지 않았다. 대신 무언가를 할 때마다 그 경험에서 배우고 다음번에는 더 잘할 수 있는 방법을 찾아냈다. ─ KFC 창업자 커넬 할랜드 샌더스

청소년기에는 작은 실수와 실패를 많이 해보는 것도 괜찮다고 생각한다. 청소년기에는 회복할 수 없을 정도의 실수와 실패를 하는 일은 거의 없기 때문에 충분히 극복이 가능하다. 아이들은 실수와 실패를 통하여 자신의 역량을 점검하고 그 문제를 해결할 힘을 길러야 한다. 그렇게 하다 보면 실수를 줄일 수 있고 실패에 대한 두려움을 극복하면서 앞으로 자신의 인생을 스스로 개척하는 힘을 기를 수 있다.

우리는 아이들의 작은 실수와 실패를 용납하지 않는 분위기로 몰아가곤

한다. 아이들이 작은 실수나 실패를 하게 되면 아이의 모든 인생을 실패라도 한 것 같이 호들갑을 떨게 된다.

한 번도 어려운 과정을 거치지 않고 성장한 사람 중에서는 한 번의 작은 실패로 인해 자신의 인생을 영원히 망치는 경우가 더러 있다. 사람의 인생에서는 성공으로 향하는 길이 올라가는 것만 있는 것이 아니라 내려올 수도 있다. 실수와 실패를 통해 스스로 느끼고 깨우칠 수 있도록 도와주어야 한다.

한 번의 실수와 실패는 영원한 게 아닌 인생을 살아가면서 발전하게 해주는 밑거름이다. 그것을 스스로 극복할 수 있는 마음가짐이 중요하다. 아이들이 실패를 극복할 힘을 기르도록 해주자.

13
아이 머리에서 잡생각 비우기

물이 가득 찬 컵에 물을 채우면 어떻게 될까? 당연히 흘러넘칠 것이다. 그렇다면 덜 채워진 컵에 물을 채우면 어떻게 될까? 당연히 더 채워 넣을 수 있다. 온갖 생각과 고민으로 가득 채워진 아이들의 머릿속으로 지식을 채워 넣는다면 어떻게 될까? 물이 가득 찬 컵에 물을 채워 넣었을 때 흘러넘치듯 아이들 머릿속으로 입력되는 지식도 흘러넘칠 것이다.

아이들이 생각하고 고민하는 게 쓸데없는 잡생각만 있는 것은 아니다. 아이들 나름대로 성장하는 데 필요한 요소들이다. 그러나 가르치는 측면에서 쓸데없는 생각이라고 일축하는 일이 비일비재하다. 공부 이외의 생각은 모두 쓸데없는 생각이라는 것이다.

아이들과 대화를 하다 보면 '어떻게 이렇게 훌륭한 생각을 하고 있을까?' 라는 생각을 많이 한다. 세상의 모든 풍파를 겪은 기생세대가 본다면 별것 아닐 수도 있지만 아이들 입장에서는 고민이 되고 걱정이 되는 요소들이 많이 있다. 가정환경, 이성 문제, 교우관계, 학업성적, 진로 등 이루 말할 수 없다. 아이들에게 "쓸데없는 걱정하지 말고 공부만 해!", "시간이 지나면 모든 것이 다 해결될 거야!"라고 이야기한다고 해서 그 문제가 해결될까? 세상의 많은 경험을 한 성인의 입장에서는 당연한 이야기일지 모르겠지만 지식과 경험이 부족한 아이들에게는 모든 것이 쉽지 않다.

아이들은 자기 자신에 대한 고민을 많이 하고 있다. 이러한 고민이 성장에 밑거름이 될 것인지 정말 쓰레기가 될 것인지는 아무도 모른다. 우리는 아이들의 이야기를 들어주고 공감하면서 아이들이 자기 생각을 정리하고 해결할 수 있도록 도와줄 필요가 있다.

친구들과 만나서 한참 동안 수다를 떨고 나면 속이 시원한 느낌을 가져본 경험이 있을 것이다. 이것은 왜 그럴까? 바로 앞에서 이야기한 컵 속의 물과 같다. 머릿속에 있는 온갖 잡생각들을 입밖으로 내보내게 되면 자신도 모르게 정리가 되고 비워지기 때문이다. 새로운 정보를 습득할 수 있는 여유가 생기고 기분이 좋아져 속이 시원한 느낌을 받게 되는 것이다.

필자가 아이들과 대화코칭을 하고 나면 마지막으로 아이들이 하는 이야기가 있다. "선생님 시원한 기분이 들어요!", "가슴이 뻥 뚫리는 것 같아요!" 등이다. 아이들은 자기 생각을 드러내고 표현하면서 온갖 잡념에서 벗어난다. 바로 이어서 "선생님 지금 빨리 가서 뭔가를 해야겠어요!"라고 이야기한다.

부모들은 아이들이 아무 생각 없이 생활한다고 걱정을 하지만 많은 아이들은 자신의 미래에 대해서 고민을 한다. 이러한 고민이 머릿속을 꽉 채우고 있는 아이들에게 뭔가를 하라고 해서 실행으로 옮길 수 있을까? 그중에서 특히 공부를 말이다.

아이들에게 공부를 이야기하기보다는 먼저 아이들의 이야기를 들어주어 스스로 자기 생각을 정리할 수 있도록 도와주어야 한다. 아이들의 머릿속에 있는 잡생각을 버리는 것이 먼저고 학습은 그 다음이다. 머릿속의 잡념이 정리된 아이들은 표정이 밝고 정서적으로 안정된다. 학교생활에서 찌그러진 표정이 아니라 웃는 표정으로 바뀌고 학습에 대한 관심도가 증가하는 것을 볼 수 있다.

노력해도 성적이 향상되지 않는 아이는 머릿속에 잡생각으로 가득 차 있을 가능성이 크다. 아이들의 이야기를 들어주고 스스로 정리할 수 있게 도와주자. 학습에 대한 고민이 저절로 해결될지도 모른다.

14
당장 효과가 나지 않아도 기다리자

　　　　　　　　　코칭을 공부하고 적용해 가면서 처음으로 '아, 실패했구나!'라는 느낌을 받았던 적이 있었다. 코칭으로도 아이들에게 도움을 줄 수 없다는 생각에 아주 낙담했다. 하지만 코칭 이외에는 대안이 없었기 때문에 계속 공부하며 적용해 나갔다. 그래서 지금 코칭 마니아가 되어 있는 것이다.

　대화를 할 때 코칭을 받으면 무엇인가 갑자기 확 바뀌는 것을 기대하는 사람이 많다. 아이들 중에서도 필자와 대화를 하고 나면 갑자기 성적이 쑥 올라가는 것을 기대하는 경우가 있다. 가끔 실제로 일어나기도 하지만 보기 드문 일이다. 아이들이 엄청난 노력에도 불구하고 대부분은 잘 일어나지 않는다. 20주 이상의 대화를 나눈 경우에도 변화를 감지하기 어려운 아이들도 있기 때문이다.

　필자가 코칭을 한다는 것을 들은 지인 중에 한 분이 자기 아이에게 코칭을 해달라고 부탁을 받았던 적이 있었다. 초등학생이었다. 아마 몇 개월을 했던 것 같다. 처음에는 이런저런 이야기를 나누다가 진로, 학습, 생활 등 다양한 분야에 대해 대화를 나누게 되었다. 그중에서 가장 집중적으로 대화를 나누었던 것이 독서였다.

　그 당시에는 서울에 있는 초등학생과 화상통화를 이용하여 대화코칭을 한 경험도 있고 코칭의 매력에 흠뻑 빠져있었기 때문에 자신감이 흘러넘치던 시기였다. 처음에는 아이와의 대화가 순조롭게 진행되었다. 코칭이라는 장르에 대한 호기심 때문인지 적극적인 자세를 보였다. 점점 아이가 변화하는 것을 느낄 수 있었다.

　하지만 코칭세션을 마칠 때쯤 아이가 적극적인 태도에서 소극적으로 변해갔다. 무엇을 물어도 시큰둥한 대답이 돌아왔고 건성으로 임하는 태도였다. 그렇게 시간이 흘러 코칭 세션을 마치게 되었다. 그때 '아, 실패했구나!'라고 처음으로 깨달았다. 그 이후 지인으로부터 아이의 소식을 가끔씩 듣고 있었다.

　몇 년이 지난 어느 날, 지인의 사무실을 방문했을 때 뜻밖의 소식을 들었다. 아이가 고등학교 1학년을 마칠 무렵이었다. 그동안 아이는 공부를 열심히 해서 전교 5등까지 올라갔다는 것이다. 그래서 아이에게 "네가 이때까지 공부하면서 가장 도움이 되었던 것이 무엇이니?"라고 물어보았더니, 필자와 만나서 대화를 나누었던 것을 그중 하나로 꼽았다고 한다.

코칭을 시작하기 전 필자는 지인에게 코칭에 대해 자신 있게 이야기하고 아이의 변화를 장담했었다. 하지만 코칭을 마치면서 마음속으로 이 아이에 대한 코칭을 실패했다고 생각하고 있었다. 코칭세션을 마치면서 대화코칭으로도 안되는 부분이 있겠다는 생각 때문에 좌절감을 조금 가지고 있었다. 하지만 몇 년이 지나 이렇게 필자와의 대화코칭이 도움이 되었다는 이야기를 전해 듣고 나니 코칭에 대한 신뢰감을 더욱 가지게 되었고 새로운 교훈을 하나 얻게 되었다.

'코칭은 세션이 끝나고 나서도 계속 사람을 변하게 한다!'

아이에게 무엇인가를 가르쳐 준다고 해서 당장 변화가 일어나기는 어렵다. 자신에 대한 이해와 사고력이 뛰어나다면 작은 도움으로도 큰 변화가 일어날 수 있겠지만 대부분의 아이들은 그렇지 못하다. 아이들에게 필요한 정보를 제공해야 하고, 스스로 정보를 습득하고 이해할 수 있는 기간이 필요하기 때문이다.

아이들은 자신을 이해하고 스스로 변화해야 한다는 것을 깨닫는 순간부터 변화가 시작된다. 우리는 아이들이 정신적으로 성장할 수 있는 숙성기간을 가질 수 있도록 기다려야 할 필요가 있다. 지금 당장 아이들에게 변화가 없더라도 어떤 영향을 주느냐에 따라 작은 나비의 날갯짓이 폭풍을 일으키듯 변화가 생길지도 모른다.

15
0과 1의 세상

컴퓨터가 이해하는 글자는 '0'과 '1'뿐이다. 우리는 컴퓨터가 하는 일을 보고 엄청나게 대단한 일을 한다고 생각하지만 실상을 들여다보면 전기가 통하거나 통하지 않는 상황에 따라 작동하는 단순한 원리에 기인한다. 즉, 전구에 불이 켜지면 '1', 전구에 불이 꺼지면 '0'이 되는 것과 같은 조합으로 이루어져 있다. 그래서 전구 8개로 조합되어 표현하는 것을 8비트 컴퓨터, 전구 16개로 조합되어 표현되는 것은 16비트 컴퓨터가 되는 것이다.

이러한 단순함에서 시작된 컴퓨터가 발전하면서 우리 생활에 깊숙이 자리잡았다. 모든 가정에 컴퓨터 한 대씩 들여놓겠다는 빌 게이츠의 이야기가 실현된 것이다. 현재 '0'과 '1'의 조합으로 이루어진 컴퓨터가 많은 일을 하고 있는 것은 사실이다.

필자는 가끔 이런 생각을 해본다. 사람들이 세상을 컴퓨터와 같이 '0'과 '1'로 보는 것은 아닌가 하고 말이다. 흑백논리 또한 여기에 해당될 것이다. 컴퓨터가 일상화되고 나서 사람들의 사고가 흑백논리에 더 집착하게 된 것일까? 자신과 생각이 다르다면 적이 되고 자신과 생각이 같으면 아군이 되는 형식으로 편 가르기를 하는 사회적 풍토가 점점 심화되고 있다.

이러한 분위기에 따라 아이들을 점수에 맞추어 '성공과 실패', '우등생과 열등생', '천재와 바보'와 같이 구분짓고 나누고 분류하여 교육하는 것 같아 안타깝기만 하다. 개인이 가지고 있는 특성과 능력을 보지 못하고 오직 대학입시에 초점이 맞춰져 아이들을 판단하고 재단하는 사회적 현상이 못내 가슴 아프다. 아이들이 불쌍하다는 생각을 가끔 하게 된다.

흑과 백 사이에 수많은 색깔이 존재하듯 0과 1 사이에도 수많은 숫자가 있다. 그 사이에는 0.1, 0.2, 0.3, 0, 4…0.9가 있다. 그리고 0.1과 0.2 사이에는 0.01, 0.001…. 이렇게 하나하나 찾아가다 보면 모든 것은 끝도 없이 무한하다는 것을 알 수 있다. 하지만 우리는 왜 '0'과 '1'에만 집착을 할까?

아이들을 바라보는 시각을 '0'과 '1'로만 보지 말고 그 사이에 0.1, 0.2… 또 그 사이에 0.01, 0.02, 또 그 사이에 0.001, 0.002 등 이렇게 수없이 많은 숫자가 있다는 것을 이해하고 아이들을 대했으면 좋겠다. '0'과 '1'의 사이에 있는 것을 바라볼 때와 같이 아이의 하나하나를 다르게 본다면 세상 또한 다르게 볼 수 있지 않을까?

16
마음의 벽 무너뜨리기

　　　　　　　　　　　이 세상에는 행복을 위한 관계가 수없이 많다. 여기서는 아이와 부모와의 관계를 놓고 이야기를 한번 나누어 보고자 한다. 다음 두 문장을 보고 어느 것이 더 합리적인지 생각해보자.

> **문장1 :** 내가 행복해야 아이가 행복해진다.
> **문장2 :** 아이가 행복해야 내가 행복해진다.

　둘 다 다를 게 없어보이는 문장이지만 자세히 따져보면 미세한 차이를 느낄 수 있다. 필자는 문장1에 좀 더 높은 점수를 주고 싶다. 나와 아이의 관계 중에서 아이의 행복보다 나라는 중심의 행복이 훨씬 쉽고 효과적이기 때문이다.

　아이 중심의 행복은 자칫 잘못하면 절대적인 권력을 가지고 있는 부모가 아이에게 행복을 강요할 수도 있다. '나는 괜찮으니까 네가 행복해지려면 이렇게 해!'라고 강요할 수 있다는 것이다. 부모의 욕심이 앞서서 자신의 권위와 권력을 이용하게 되는 것이다. 아이가 진정 행복한지 아닌지를 따지기 전에 부모의 생각대로 아이를 이끌어 나갈 수 있기 때문에 필요충분조건이 성립하기 어렵다. 하지만 문장1과 같이 부모 중심의 행복에서 부모가 행복하면 아이가 행복해지는 것은 당연한 결과다.

　갑자기 왜 행복에 관해 이야기하느냐고 하면, 부모와 아이가 행복한 마음에서 서로 도움이 되기 위해서는 전제조건이 있기 때문이다. 부모가 마음을 조금 내려놓아야 한다는 것이다. 즉, 아이의 이야기를 수용할 수 있는 범위를 넓혀야 한다.

　사람들은 자신의 가치관과 신념의 한계에 의해 그 사람의 인격과 자아가 결정지어진다고 해도 과언이 아니다. 자신의 가치관과 신념에 의해 무엇을 얼마나 어떻게 수용하느냐에 따라 '마음의 창'의 크기를 만들 수 있다. 사람들에게 마음의 창의 크기는 정해져 있다. 하지만 이 마음의 창의 크기는 '수용'과 '비수용'에 대한 것이 같이 공존하는 형상을 가지고 있다. 사람에 따라 수용의 범위가 클 수도 있지만 비수용의 범위가 더 클 수도 있다.

　다시 말해 똑같은 '마음의 창'의 크기를 가지고 그 범위 내에서 수용과 비수용의 크기를 결정하게 된다는 것이다. 수용의 범위가 커지면 비수용의 범위가 작아지고, 비수용의 범위가 커지면 수용의 범위가 작아진다. 수용할 수 있는 선이 어느 것에 치우쳐 있느냐에 따라 '마음의 창'의 크기가 달라진다.

만약 아이와의 관계에서 성적, 이성 문제, 교우관계 등으로 어떤 문제가 발생했다고 하자. 평소에는 이것이 아이의 문제라고 생각해서 나에게는 문제가 없는 영역에 두었다고 하자. 그런데 어느 날 아이의 성적이 하락하거나 집을 나가는 문제가 발생하였다면 어떻게 될까? 부모의 문제라고 생각하지 않고 아이의 문제라고 생각했던 부분이 갑자기 부모의 문제영역으로 들어오게 되는 것이다. 그런데 이것이 수용할 수 있는 영역이 아니라 비수용의 영역에 포함되어 있다면 어떻게 될까? 부모의 '마음의 창'에서 비수용의 영역에 포함되어 있다면 어떻게 되겠느냐는 것이다.

부모가 문제라고 생각하지 않던 내용이 갑자기 아이의 성적이나 태도를 통해서 문제로 인식하기 시작된다. 이렇게 될 경우 문제가 되는 부분을 비수용 영역에 두어서는 해결방법이 없다. 부모가 아이를 이해하기 위해서 우선 수용범위를 넓히고 비수용 범위를 좁혀서 수용할 수 있는 선을 조정하는 단계를 가져야 한다.

결국 부모의 마음의 벽을 무너뜨려야 한다. 아이에게 문제가 발생했을 때 아이를 혼내거나 부모의 생각을 강요하기보다 아이의 생각을 받아들이고 이해하는 것이 우선이다. 그렇게 하기 위해서는 부모가 아이의 이야기를 들어주고 생각을 읽을 수 있도록 해야 한다. 부모가 마음의 벽을 허물지 않은 상태에서 자기 생각을 고집하고 있으면 아이를 변화시키기 어렵다.

아이들을 성장시키고 발전시키기 위해서는 아이들보다 부모가 먼저 '마음의 벽'을 없애고 행복한 마음으로 아이들을 받아들이는 것이 중요하다.

17
좋은 습관이 아이의 미래를 만든다

부모의 좋은 습관보다 더 좋은 아이 교육은 없다. ― 슈와프

1992년 바이러스성 뇌염으로 열흘간 혼수상태에 있었던 유진 폴리에 대해 이야기를 하고자 한다. 유진 폴리는 뇌염을 앓고 나서 병이 걸리기 이전의 내용은 기억하지만 그 이후부터 기억하지 못하며 40분 단위로 똑같은 일을 반복한다고 했다. 자신의 이름을 몇 번이나 가르쳐 주어도 기억하지 못했다.

병원을 퇴원하고 의사의 권유로 유진의 아내는 항상 똑같은 길을 따라 매일 아침과 오후에 동네를 산책했다. 의사들은 유진이 길을 잃으면 집으로 돌아오는 길을 찾지 못하기 때문에 혼자 두어서는 안 된다고 당부했다. 어

느 날 아침 유진은 아내가 옷을 갈아입고 있는 사이에 혼자 집을 빠져나갔
다. 아내는 당황하여 주변을 둘러보기도 하고 이웃집을 방문하면서 유진을
찾았다. 결국 그녀는 경찰에 도움을 요청하려고 집으로 달려갔는데 유진이
거실에서 텔레비전을 보고 있었던 것이다.
― 습관의 힘(찰스 두히그, 갤리온)

40분 단위로 같은 일을 반복하고, 자신의 이름도 기억하지 못하는 사람이 어떻게 집을 찾아올 수 있었을까? 과학자들은 1990년대 초반부터 습관에 대해 주목하여 밝혀낸 사실이 있다. 습관은 대뇌의 신피질에 의해 기억이 형성되는 것이 아니라 뇌의 가운데 부분에 있는 '기저핵(basal ganglia)'이 관장한다는 것이다.

우리가 새로운 일을 하게 될 때 뇌는 긴장하고 많은 에너지를 사용하지만 같은 일을 반복하는 과정에서 익숙해지면 긴장하는 정도가 약해지면서 뇌도 에너지 사용을 줄인다. 예를 들어 자전거를 처음 배울 때는 많은 에너지가 소모되지만 익숙해지고 나면 자전거를 타면서 옆의 사람과 대화를 할 수도 있고 주변 경관을 즐길 수도 있다.

과학자들에 의하면 우리가 무의식적으로 반복적인 습관을 형성하는 것은 우리 뇌가 에너지를 절약하는 방법을 찾기 때문이라고 한다. 우리의 뇌는 외부에서 어떠한 자극을 주지 않으면 모든 것을 습관화시켜 뇌 에너지의 사용량을 줄이는 방향으로 작동한다. 즉, 뇌는 에너지를 절약하는 방향으로 최대한 휴식할 수 있는 여건을 만들어 나간다는 것이다.

습관(習慣)은 한문으로 '익힐 습', '익숙할 관'으로 되어 있다. 해석하자면 어떤 일을 익숙해질 때까지 익히는 것을 말한다. 사전에서도 '어떤 행위를 오랫동안 되풀이하는 과정에서 저절로 익혀진 행동양식'이라고 했다. 어떤 행위에 익숙해진다는 것은 한두 번의 반복으로 이루어지는 게 아니다. 무의식적으로 그 행위가 이루어질 때까지 오랫동안 반복해야만 형성되는 것이다.

듀크대학교 연구(2006)에 의하면 "우리가 매일 행하는 행동의 40%가 의사결정의 결과가 아니라 습관 때문이다"라고 말한다. 이것은 사람들의 생활에서 40% 정도가 무의식적으로 습관에 의해서 이루어진다고 할 수 있다. 습관이 그만큼 일상생활에서 중요한 부분을 차지하고 있다는 뜻이다.

그러나 습관을 형성하는 것은 쉬운 일이 아니다. 누구나 좋은 습관이 쉽게 형성된다면 좋은 습관을 형성할 수 있게 도와주는 각종 도서나 강연들이 생길 이유가 없다. 우리의 뇌는 새로운 것을 만나게 되면 먼저 거부감을 표시한다. 이 거부감을 없애고 익숙하게 만들기 위해서는 많은 시간과 노력이 필요하다.

우리의 뇌는 새로운 것을 만났을 때 정신적, 육체적 스트레스를 받게 되면서 스트레스 호르몬인 부신피질 호르몬이 생성된다. 그리고 이 스트레스를 줄이기 위해 스트레스를 해소하는 부신피질 방어 호르몬이 생성된다. 부신피질 방어 호르몬은 우리 몸에서 72시간 동안 유지된다. 3일 동안 스트레스를 견딜 힘을 주는 것이다. 하지만 '작심삼일'이라는 말과 같이 3일째 되는 날 뇌가 느끼는 거부감이 최고조에 달하면서 1차 고비가 생긴다. 6일 차에 2차 고비 그리고 21일에 마지막 고비가 다가온다. 작심삼일을 일곱 번 하면

21일이 되는 것이다.

　미국 캘리포니아대 언어학과 존 그라인더 교수와 심리학자인 리처드 밴들러의 'NLP 이론'에서도 21일의 법칙을 주장했다. 21일은 뇌에서의 생각이 대뇌피질에서 뇌간까지 내려가는 데 걸리는 최소한의 시간이라는 것이다. 즉, 병아리도 알에서 깨어나기 위해서도 최소 21일 동안 어미 닭이 품어 주어야 하듯이 21일 동안 같은 일을 반복하게 되면 의식하지 않아도 습관적으로 그 일을 할 수 있게 된다.

　또 다른 주장이 있다. 영국의 런던대학교 제인 워들 교수가 이끄는 연구팀은 같은 행동을 얼마 동안 반복해야 생각이나 의지가 없어도 자동으로 반사 행동을 하게 되는지 실험한 결과다. 실험참가자에게 과일 한 조각 먹기, 점심시간에 물 한 병 마시기와 같은 일상생활에서 건강에 도움이 되는 행동 중 하나를 선택하여 매일 반복해 실천하게 했다. 연구 결과, 습관을 형성하는 데 필요한 시간이 평균 66일 걸렸다고 한다. 21일을 훨씬 초과하는 긴 시간이다. 당연하게도 사람에 따라 복잡하고 어려운 행동일수록 습관을 형성하는데 더 오랜 시간이 걸렸다고 한다.

　습관에 관해 이야기하면서 아이들의 학습습관에 관해 이야기하지 않을 수 없다. 가끔 부모님과 상담을 하면 하시는 말씀이 있다.

　"우리 아이는 초등학교 때 하고 싶은 것을 마음껏 하도록 하고 중학교부터 공부를 시작하면 됩니다."

　이 이야기에 대해서 일부는 동의하지만 학습습관 측면에서는 동의하지 않는다. 중학교 이전에 학습에 대한 잘못된 생각과 습관이 형성될 경우 중학교, 고등학교를 진학하더라도 의욕과 능력이 없어서 학습에 대한 관심을 두지 않는 아이들을 자주 보아왔기 때문이다. 아이가 건강하고 활발하게 뛰어놀아야 하는 것은 필자도 인정한다. 하지만 어릴 때부터 학습에 대한 습관형성이 잘 되어 있지 않은 아이들은 상급학교로 진학할수록 어려움을 가지기 쉽다.

아이들에게 학습에 미치는 영향으로 유치원, 초등학교에서는 두뇌력(이해력, 집중력, 암기력 등)이 중요한 요소라고 한다면 중·고등학교에서는 습관이 중요하다고 한다. 'ㅈ' 공부습관 트레이닝센터 대표 고봉익 선생님은 다음과 같이 말한다.

"아이가 유치원 때나 초등학교 저학년 때는 '우리 아이가 천재가 아닐까?' 생각하지만 이 이유는 초등학교 저학년 때나 유치원 때는 두뇌력 즉, 이해력, 암기력, 집중력 같은 것이 성적에 실제로 더 큰 영향을 미치기 때문입니다. 특히 암기력 같은 것이 뛰어나면 유치원이나 초등학교 같은 때는 마치 신동 같아 보이시죠. 하지만 그런 것들이 중학교, 고등학교 때는 성적에 미치는 정도가 습관보다 줄어들어요."

아이들이 규칙적으로 일정한 장소에서 일정한 시간 동안 학습을 할 수 있는 여건을 만들어 학습습관을 형성하는 것은 아주 중요하다고 생각한다. 최소한 학습에 대한 내용이 아니라면 독서를 하는 습관이라도 길러주어야 한다.

우리의 뇌는 좋고 나쁨을 구분하지 못한다. 따라서 좋은 습관과 나쁜 습관도 구분하지 못한다. 사람들에게 형성된 모든 습관은 항상 머릿속에 잠재해 있으면서 적당한 신호와 보상이 주어지기를 기다리고 있다. 아이들에게 꼭 필요한 좋은 습관이 형성될 수 있도록 주변의 지속적인 관심과 사랑이 필요하다.

아무리 사소한 생활습관이라도 아이들이 새로운 습관을 형성한다는 것은 쉬운 일이 아니다. 과일 한 조각을 규칙적으로 먹는 것과 같은 작은 생활습관을 형성하는 데도 평균 66일이라는 시간이 걸린다. 아이들에게 좋은 습관의 형성은 아이의 미래를 결정하는 것임을 명심하고 잘 도와줄 수 있어야 한다.

18
기대는 하더라도 욕심은 버리자

"나는 애를 포기했어요!"

"내가 더 이상 어떻게 해야 할지 모르겠어요."

가끔씩 부모님에게서 듣는 이야기다. 부모가 아이를 포기하면 아이가 의지하고 기댈 곳은 어디에 있을까? 사회? 학교? 필자가 생각하기에 부모가 포기한 아이는 갈 곳이 별로 없다. 청소년 센터가 과연 부모를 대신할 수 있을까? 이 세상에는 아이를 위해 부모를 대신할 수 있는 곳은 어느 곳에도 없다. 그만큼 아이를 위해 부모의 역할은 중요하고 소중하다.

그런데 부모가 자신의 아이에 대해 포기했다고 이야기하는 것은 왜 그럴까? 아마 아이의 행동과 태도가 부모가 생각하고 있는 것과 다르기 때문이다. 즉 아이가 부모의 욕심에 미치지 못하기 때문이다.

욕심을 사전에서 찾아보면 '분수에 넘치게 무엇을 탐내거나 누리고자 하는 마음'이라고 했다. 아이를 통하여 무언가를 분수에 넘치도록 누리기를 바라는 부모는 아무도 없을 것이다. 그러나 여기에서 조심해야 할 것이 하나 있다. '분수에 넘치도록'이라는 말이다. 이것이 누구를 기준으로 하느냐에 따라 상황이 달라질 수 있다.

만약 아이가 기준이라면, 아이가 스스로 자신의 분수에 넘치도록 능력을 발휘하려고 노력한다면 얼마나 좋을까? 하지만 부모의 입장에서 본다면, 아이의 능력이 넘치도록 발휘하기를 강요당한다면 아이는 어떻게 될까? 이런 상황이라면 누구라도 자신이 하고 있는 일이 행복하고 즐거울 수가 없을 것이다. 아마 누구나 달아나고 싶을 것이다.

부모의 입장이든 아이의 입장이든 '분수에 넘치도록' 무엇인가를 해야 한다는 것은 엄청난 스트레스를 동반하는 일이다. 결코 행복하고 즐겁게 할 수 있는 상황은 아니다. 따라서 아이를 위한 것이라면 부모의 욕심을 조금 내려놓는 것이 어떨까 한다.

다음으로 '기대'에 대한 내용으로 넘어가 보자. 기대를 사전에서 찾아보면 '어떤 일이 이루어지기를 바라고 기다림'이라고 했다. 여기서 기대에 대한 핵심은 '기다림'일 것이다. 기다림을 또 사전에서 찾아보았다. '어떤 사람이나 때가 오기를 바란다'라고 되어 있었다. 공통점은 '기대'나 '기다림' 모두 '바란다'라는 희망을 품고 있다는 점이다.

기대라는 것은 곧 아이의 미래에 대한 희망을 기다리는 것을 의미한다. 과연 우리는 아이에 대해 기다려 주고 있는지 되돌아봐야 한다. 아이에게 부모의 욕심을 강요하는 것이 아니라 아이가 자신의 길을 스스로 찾아갈 수 있도록 옆에서 지켜보고 기다려 주고 있는지를 말이다. 아이를 "성적이 좋아야 성공한다", "좋은 직업을 가져야 한다", "돈을 많이 벌고 잘 살아야 한다"라는 기준에 아이를 두고 욕심을 부리는 것은 아닌지 생각해 볼 필요가 있다. 우리의 최대 목표는 아이의 어떤 가치보다도 '아이를 사랑하고 행복해지기를 바라는 마음' 일테니 말이다.

우리는 아이들에 대해 분수에 넘치는 욕심을 가졌는지, 아니면 희망을 기대하며 기다리고 있는지 돌아볼 필요가 있다. 아이들이 자신의 생애 진로를 스스로 찾아 나아갈 수 있도록 기다려 주는 것이 욕심보다 더 중요하다.

19
코칭을 위한 자세

우리는 사람을 변화시키기 위해 많은 도구를 사용한다. 멘토링(mentoring), 카운슬링(counseling), 티칭(teaching), 트레이닝(training), 컨설팅(consulting) 등 여러 도구가 있다. 그중에서 코칭(coaching)과 트레이닝(training)의 차이점에 대해서 간단하게 비교해 본다면 다음과 같다.

트레이닝(training)은 기차(train)에서 유래되었다. 기차는 철로를 따라 달린다. 중간에 다른 곳을 가고 싶다고 해도 이미 정해진 경로를 벗어날 수 없다. 즉 트레이닝은 개인의 특성이나 차이를 중심으로 교육하는 것이라기보다는 기차의 철로처럼 이미 주어진 프로그램에 따라 훈련을 시키는 과정을 말한다.

코칭(coaching)은 1장에서 이야기했듯이 마차에서 유래되었다. 마차는 최종 목적지가 있지만 특정한 경로 없이도 상황에 따라 원하는 경로를 바꿀 수 있다. 이처럼 코칭도 개인의 성장이라는 목적지를 가지고 개인의 특징을 최대한 살리면서 언제든지 상황에 따라 방향을 바꾸며 대화를 할 수 있다.

따라서 코칭은 유연한 대화를 할 수 있다. 사람들에게 특별한 문제가 있어서 하기보다는 현재 상황에서 더 발전하고, 잠재력을 발견하고, 개인의 능력과 가치를 최고로 성장시킬 수 있는 방법이다.

다음은 국제코치연맹(ICF)과 (사)한국코치협회에서는 다음과 같이 코칭을 정의하고 있다.

'고객의 개인적, 전문적 가능성을 극대화하기 위해 영감을 불어넣고 사고를 자극하는 창의적인 프로세서 안에서 고객과 파트너 관계를 맺는 것' ― 국제코치연맹(ICF)

'개인과 조직의 잠재력을 극대화하여 최상의 가치를 실현할 수 있도록 돕는 수평적 파트너' ― (사)한국코치협회

스티븐 페어리(출처 : "Getting Started in Personal and Executive Coaching" by Stephen G. Fairley and Chris E. Stout (Wiley, 2004))는 촉진자(facilitator), 테라피스트(therapist), 상담(counseling), 컨설팅(consulting), 트레이닝(training) 등과 같이 다른 영역과 코칭의 영역 간의 관계에 대해서 잘 분류해 놓았다.

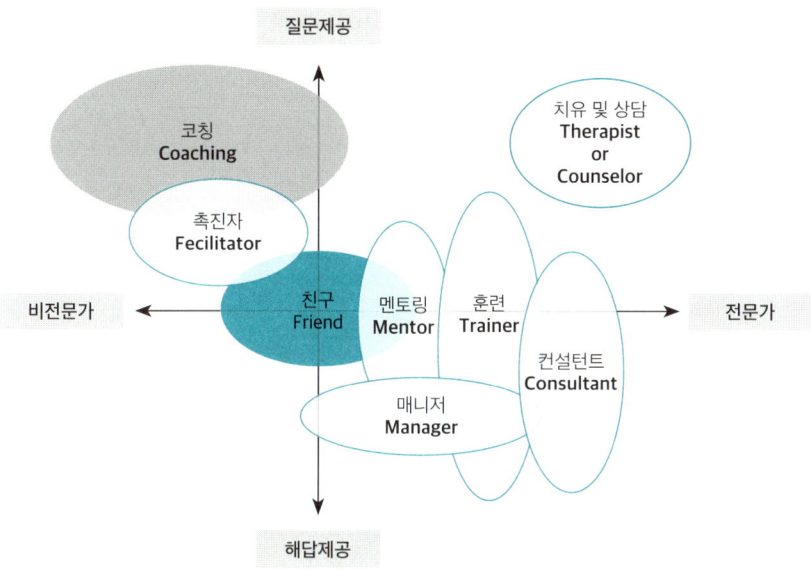

　이 책에서 나온 표를 보면 코칭과 촉진자를 제외한 모두가 전문가 영역에 포함되어 있으며, 해답을 제공하는 역량을 가지고 있어야 한다. 즉 전문적인 지식을 많이 가지고 있어야만 가능한 분야다. 반면 코칭과 촉진자는 전문적인 지식이 없어도 가능하며 해답보다는 질문을 통해 상대의 사고력과 역량을 향상시키도록 도와주는 역할을 한다. 또한 코칭은 촉진자보다 더 넓은 영역을 포함한다. 여기서 코칭의 우수한 점을 알 수 있다.

　코칭은 전문적인 지식이 없어도 누구나 할 수 있다는 것을 이전에 밝힌 바 있다. 단지 상대방에게 적절한 질문을 던질 수 있는 역량이 조금 필요하다. 그래서 코칭은 누구나 쉽게 접근할 수 있고 실행 가능하다고 말할 수 있다.

　그렇다고 코칭을 만만하게 볼 수 있는 것도 아니다. 코치의 가치관과 신념이 코칭을 받는 사람과 충돌될 경우 심리적 갈등과 어려움을 겪는다. 아이들과 같이 코칭을 하는 경우도 마찬가지다. 코치가 아이들의 생각을 이해하고 받아들인다는 것은 결코 쉬운 일이 아니다. 아이의 생각을 경청하고 공감하지 못한 채 코치의 생각을 강요하게 되면 대화코칭은 계속되기 어려워진다. 아이들과 코칭을 할 때 코칭을 하는 자세와 태도가 매우 중요하다.

아이들과 대화코칭을 잘하기 위해서는 코치가 편안한 마음과 여유로움을 가져야 한다. 평소에 시간이 부족하여 여유가 없거나 가정, 직장 또는 그 이외의 문제로 어려움을 겪고 있을 때는 코칭을 해선 안 된다. 필자의 경험에 따르면 시간적으로나 정신적으로 여유가 없을 때는 코칭을 하는 도중에 어느새 조언하거나 충고를 하는 모습을 볼 수 있다. 아이의 이야기를 차분하게 들어줄 수 없어 아이에게 충고나 조언을 하고 빨리 대화코칭을 끝내려고 하는 모습을 종종 발견하게 된다.

아이와 코칭을 하기 위해서는 충분한 에너지가 보충되고 여유가 있을 때 하는 것이 가장 좋다. 여유로운 마음이 되어 있어야 아이가 어떤 말을 하더라도 이해하고 받아들일 수 있기 때문이다. 정신적인 편안함과 시간적인 여유로움은 코칭을 시작하기 전에 코치가 갖추어야 할 중요한 태도 중에 하나다.

부록

        2014년 10월 13일 저녁 10시 15분경에 집으로 돌아오는 버스 안에서 카카오톡을 받았다. 아이는 학교 시험을 앞두고 준비하면서 심리적으로 다양한 갈등이 생긴 듯했다. 놀고 싶은 마음, 공부하기 싫은 마음, 공부해야 하는 마음 등 복합적으로 작용하는 것 같았다. 아마 아이는 필자에게 해답을 찾고 싶어서 연락한 게 아니라 그저 어딘가에 하소연하고 자신의 어려운 처지를 이야기하고 싶었을 것이다. 그래서 자신의 이야기를 들어 줄 사람을 찾아보다가 필자에게 연락한 것이 아닌가 생각했다.
    다음 대화를 주고받은 내용을 읽어보면 필자가 한 역할은 별로 없다.

그저 아이의 이야기를 귀기울여 들어주고, 상황을 인정해 주고, 다양한 방향으로 바라볼 수 있도록 하는 데에 핵심을 모았다. 짧은 내용이지만 아이가 스스로 해야 할 것을 찾아가는 모습을 보고 감동을 받아서 여기에 실었다.

〈대화코칭 사례〉

학생 : 샘, 주무세요?

나 : ㅎㅎ 왜요?

학생 : 시험공부를 하는데 잘 안되고 하니까 샘 생각이 나서요ㅠㅠ

나 : 그렇구나. 많이 힘드니?

학생 : 수학을 다시 푸는데 풀었던 건데도 안되니까 짜증이 나고 그냥 서러워요. 이번 시험도 나름 열심히 준비한다고 한 건데 이러니까 한심하기도 하고.

나 : 마음을 부정적으로 생각해서 안된다고 하는 게 좋을까? 아니면 긍정적으로 생각하는 게 좋을까?

학생 : 긍정적으로 생각하는 게 좋은 건 아는데 그게 맘대로 안돼요. 책을 보는데 생각나는 건 없고 시험은 바로 코앞이고….

나 : 그렇지, 모든 사람이 너랑 똑같지 않을까? 그렇다면 너는 어떻게 하는 것이 너에게 도움이 되겠니?

학생 : 미리 걱정하지 말고 지금 현재에 최선을 다하는 거요.

나 : ㅎㅎ 그렇구나.

학생 : 어쨌든 다시 공부하러 가야 하겠죠…?

나 : 선택은 누가 해야 할까?

학생 : 제가요!

나 : 그럼 행동으로 실행하는 것은?

학생 : 제가 해야죠! 그러면 저 지금 다시 공부하러 갈게요. 중간고사 끝나고 뵈러 갈게요.

나 : 좋아, 파이팅!

학생 : 네, 안녕히 주무세요!

제 3장

대화코칭은 언제, 어떻게 해야 할까?

01
아이는 칭찬을 갈망한다

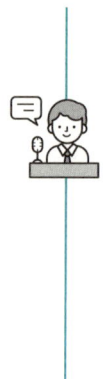

'학부모 진로코치 양성과정' 중에 아이들을 칭찬해 보라는 과제를 낸다. 일주일 동안 아주 사소한 것일지라도 아이들에게 칭찬할 거리를 찾아서 해주라고 이야기한다. 일주일 후 대부분의 부모님들은 아무리 찾아봐도 아이에게 칭찬할 거리가 없다고 한다. 그러면 필자는 "오늘 밥을 맛있게 먹네!", "오늘 표정이 좋은데 좋은 일 있니?", "웃는 모습을 보니 너무 예쁘네!" 등을 해보라고 한다. 밥 잘 먹는 것, 표정이 밝은 것, 청소하는 것, 동생과 놀아주는 것, TV를 적게 보는 것 등 아이의 행동과 태도를 잘 관찰하여 찾아보라고 일러준다.

일주일이 지나서 부모님께 다시 물어보면, 처음에는 칭찬할 거리가 없었는데 약 3일 정도 지나다 보니 아이들이 평소에 잘하고 있었지만 자기가 무관심하게 지나온 것을 발견한다고 말한다. 그리고 아이들이 잘하고 있는 것들이 하나씩 보인다고 한다. 하루에 한두 번 정도 칭찬을 하다 보면 아이들이 조금씩 더 잘하려고 하는 모습이 눈에 들어온다고 한다.

부모가 아이들이 잘되기를 바라는 마음에서 잘못된 행동을 끊임없이 지적하다 보면, 소소하더라도 잘하고 있는 것이 눈에 보이지 않게 된다. 그것이 습관이 되어 계속 지적하게 되고 아이들과 관계도 소원해져 대화가 이루어지지 않는 경우가 많이 생긴다. 결국 작은 칭찬 한마디로 아이를 변화시킬 수 있는데도 불구하고 인색한 칭찬으로 점점 관계가 악화되는 경우가 많다고 할 수 있다.

학교에서 경험했던 일을 하나 소개하고자 한다. 평소에 말이 별로 없지만 수업태도도 좋고 항상 바르게 앉아 있는 아이가 있었다. 평소에 무표정으로 생활하고 있는 이 아이는 항상 우울해 보이다가도 가끔 수업 중에 살짝 웃는 모습이 아주 예뻤다. 어느 날 "가끔 선생님을 보고 웃어주는 네 모습이 너무 예쁘다!"라고 한마디 말을 건넸다.

그 뒤로 많은 아이들을 상대하다 보니 이 아이에게 별로 관심을 두고 있지 않았는데, 어느 날부터인가 이 아이가 웃고 있는 모습을 자주 발견하게 되었다. 평소 생활에서는 별로 변화된 것이 없었던 것 같은데 가만히 관찰해보니 필자를 보게 되면 웃는 모습을 짓고 있었다. 그 후 표정이 점점 밝아지면서 웃는 횟수가 많아지기 시작했고 쉬는 시간에 멀리서 보고 찾아와 웃어주고는 갈 길을 가곤했다. 작은 한마디가 아이의 웃음을 찾아 주는 계기가 된 것이다.

이후 칭찬의 위력을 실감하게 되었다. 그래서 아이들과 만나면 "표정이 멋져요", "화장한 것 같이 예쁘다", "요즈음 자신감이 생긴 것 같다" 등과 같이 작은 칭찬을 하기 시작했다. 아이들은 "선생님이 좋아요!"라는 이야기했다. 다만 칭찬을 많이 해서 좋다는 것보다는 인사를 잘 받아 주어서 좋고, 자신들의 이야기를 잘 들어 주어서 좋다고 했다. 작은 칭찬의 결과가 어찌 되었든지 간에 아이들의 반응이 긍정적으로 변했다는 것만은 확실하다.

작은 말이라도 아이들은 기분이 좋아지고 뭔가를 할 수 있다는 힘을 발휘할 수 있게 된다. 칭찬을 할 때면 아이들이 그렇게 좋아할 수가 없다. 평소에 비난과 비교에 익숙해져 있는 아이들이 소소한 칭찬 하나에도 갈망하고 있는 것은 아닌지 생각해 볼 필요가 있다.

칭찬을 너무 남발하는 것도 주의해야 한다. 결과에 대한 보상의 의미로 칭찬하는 것은 부정적인 결과를 가져올 수 있다. 부모가 갑자기 아이를 칭찬하면 아이들은 이상하게 생각하고 가식적인 태도로 받아들이는 경우도 많다. 부모의 칭찬에 익숙해져 있지 않기 때문일 것이다. 칭찬할 경우에는 적절할 시기에 구체적으로 하는 경우가 좋고, 결과에 대한 보상보다는 과정을 중심으로 칭찬하는 것이 더 효과가 있다.

칭찬은 아이들의 성적과도 밀접한 관계가 있다. 『당신의 물통은 얼마나 채워져 있습니까?』(도널드 클리프턴&톰 래스, 해냄출판사)라는 책에서 보면 칭찬과 성적관계에 대한 내용이 있다. 칭찬받은 아이들은 꾸준하게 성적이 향상되는 반면 질책을 당한 아이들은 처음에는 성적이 향상하다가 시간이 지날수록 떨어진다고 한다. 무시를 당한 아이들은 처음부터 성적이 지속적으로 떨어지는 경향을 보인다고 한다. 아이들에게 자신을 이해하고 발전할 수 있도록 아낌없는 칭찬을 생활화해보는 것은 어떨까?

02
아이와 먼저 신뢰관계를 형성하자

아이들은 가끔 불만을 토로한다. "선생님! 담임 선생님께 몸이 아파서 병원에 가야겠다고 조퇴를 신청했는데 괜찮아 보인다고 허락해 주지 않으세요. '누구'는 조퇴를 쉽게 허락해 주시는데 저는 이것저것 물어보시면서 잘 해주지 않으십니다. 너무 차별대우하시는 것 같아요"라고 말하곤 한다. 이럴 때 필자는 아이들과 신뢰에 대해서 대화를 나눈다.

평소에 선생님과 관계가 어떤지, 학교생활은 어떻게 하는지, 조퇴는 자주 하는지, 아니면 야간자습과 같이 자율적으로 하는 시간에 이것저것 이유를 대고 자주 학교를 나가는 것에 대해 물어본다. 마지막으로 "만약에 네가 선생님이라면 너와 같이 행동하는 아이에게 조퇴를 쉽게 허락해 주겠니?"라고 질문을 한다. 평소에 믿음을 주지 못한 아이들은 선뜻 대답하지 못하고 망설인다. 그리고 잠시 동안 자신의 언어습관과 태도에 대해 생각하는 시간을 가지게 된다.

'신뢰(信賴)'를 사전에서 찾아보면 '굳게 믿고 의지함'이라고 되어 있다. 아이는 부모뿐만 아니라 대화를 하는 모든 사람들과 신뢰관계를 유지하는 것이 중요하다. 코치와 아이와의 관계에서 충분한 신뢰가 형성되지 않으면 대화의 내용이 항상 겉돌게 되고 깊이 있는 대화의 진행이 어려워진다. 그래서 필자는 아이와의 신뢰관계를 형성하기 위해 첫 번째 코칭세션부터 가장 공을 많이 들이고 시간도 제일 많이 할당한다. 아이와 대화코칭에서 충분한 신뢰관계가 형성되고 나면 아이의 마음속 깊이 있는 이야기를 끄집어내면서 대화코칭이 쉽게 이루어진다.

아이들과 대화코칭을 위해서 만나는 경우는 크게 두 가지가 있다. 아이들이 스스로 찾아오는 경우와 부모나 선생님의 권유로 이루어지는 경우다. 아이가 스스로 대화코칭을 위해 찾아오는 경우는 아이와 신뢰관계를 형성하기 위해 많은 공을 들이지 않아도 쉽게 본론으로 진입할 수 있다. 반면 부모나 선생님의 권유로 찾아오는 아이들은 서로 마음을 열고 대화를 위한 준비과정을 많이 가져야 한다. 아이가 자신의 속마음을 충분히 열고 이야기할 수 있을 정도의 관계가 형성되어야만 대화코칭이 원활하게 이루어지기 때문이다.

이러한 신뢰관계를 형성하기 위한 과정은 쉽지 않다. 아이들과 대화를 해보면 처음부터 자신에 대해 이야기하는 것을 거부하는 경우도 종종 있기 때문이다. 대화코칭을 나누기 위해 스스로 찾아온 아이도 자신의 이야기, 특히 개인적인 이야기에 대해서는 방어막을 치고 시작하는 경우가 있다.

따라서 아이들과 대화코칭을 하기 위해서 가장 많은 시간을 할애하고 공을 들이는 부분이 아이들과 신뢰관계를 형성하는 일이다. 충분히 신뢰관계가 형성되었다고 생각될 때 아이들과 깊이 있는 대화를 나누기 시작한다. 아이들과 신뢰관계를 형성하기 위해서는 짧게는 10~20여 분 정도 걸리는 경우도 있지만 몇 번의 만남이 이루어지고 나서야 조금씩 자신의 속마음을 이야기하는 경우도 있다.

신뢰관계를 형성하기 위해서는 아이를 내 생각대로 재단하거나 비판하고 판단하지 않도록 주의해야 한다. 있는 그대로 받아들이고 아이를 존중해 주어야 한다. 아이를 자신의 소유물이나 미숙한 상태라고 생각하고 가르치려고만 한다면 아이의 신뢰를 얻을 수 없다. 아이와 대화를 위해서는 아이의 모든 생각과 행동, 태도마저도 존중한다는 생각을 하고 있어야 아이를 이해할 수 있기 때문이다.

이해를 영어단어로 보면 'understand'이다. 이것은 'under + stand'이다. 아이보다 위에 서서 가르치려 하기보다는 아이의 아래쪽(under)에 서서(stand) 대화를 나누어야 이해를 할 수 있다는 말로 생각할 수 있다.

아이를 충분히 이해하기 위해서는 충분한 대화를 나누어야 한다. 대화를 나누지 않은 상태에서 아이를 이해하기는 어려울 것이다. 대화는 곧 의사소통이다. 의사소통이라는 것은 자신의 이야기만 일방적으로 하는 것이 아니다. 서로 이야기를 주고받아 상대의 생각을 충분히 받아들이고 이해하는 것이다. 아이와 신뢰를 형성하기 위해서는 아이의 이야기를 충분히 들어주는 경청의 자세가 가장 중요하다. 결국 경청에서부터 시작해야 한다는 것이다.

아이들과 대화코칭에서 가장 잘 사용하는 것이 아이들의 이야기를 성심껏 들어주는 것이다. 온 마음을 다해 아이의 이야기를 경청하다 보면 아이는 어느새 마음의 문을 열고 자신의 이야기를 조금씩 하고 있는 것을 알게 된다. 이렇게 아이와 신뢰관계가 형성되고 나면 대화코칭의 반은 성공했다고 볼 수 있다.

03
신뢰관계를 형성하는 방법

여기서 신뢰관계를 형성하기 위한 몇 가지 방법에 대해 이야기하고자 한다. 가장 중요한 방법은 바로 앞에서 이야기한 경청이다. 마음의 문을 활짝 열고 아이의 이야기를 온전히 인정하고 받아들이면 아이들과 신뢰관계를 형성하기 쉽다. 하지만 아이의 이야기를 온전히 받아들이고 공감하기 어려운 경우 여기서 제시하는 방법을 동원해 보는 것도 좋을 것 같아 몇 가지 정리하고자 한다.

제일 먼저 눈맞춤(eye contact)이다. 아이가 이야기하는 것을 수용하는 따뜻한 눈빛은 아이의 마음과 느낌을 읽으려고 노력하는 것과 같다. 눈은 마음의 창이라고 했다. 우리가 눈을 보고 대화를 나누는 것은 눈을 통해 상대의 마음을 들여다볼 수 있기 때문이다.

해부학적으로도 눈은 사람의 마음을 들여다볼 수 있다는 것을 보여준다. 해부학에서 사람의 뇌를 당기면 뇌와 연결되어 있는 척수가 딸려 나오고, 제일 마지막으로 눈이 연결되어 나온다고 한다. 즉 사람의 감각기관 중에 뇌와 직접적으로 연결되어 있는 것이 눈이다. 눈을 들여다보면 눈빛의 변화를 통하여 뇌의 상태를 느낄 수 있다는 말이 아닌가 생각해 본다. 그래서 눈을 마음의 창이라고 하는지도 모른다.

아이의 눈을 보고 대화를 나눈다는 것은 부담스러운 일일지도 모른다. 학교에서 '학부모 진로코치 양성 과정'을 진행하면서 참여하신 부모님들에게 눈맞춤 실습을 시킨다. 그러면 많은 분들이 최근에 아이들과 눈을 맞추고 대화해 본 적이 있었는지 기억이 나지 않는다고 한다. 심한 경우에는 아이가 아주 어려서 옹알이할 때 눈을 마주친 이후 한 번도 아이의 눈을 들여다본 기억이 없다고 하시는 분도 있었다.

그래서 눈맞춤 실습은 반드시 진행한다. 처음에 약 30초의 시간을 주고 서로 눈을 맞추어 보라고 한다. 대부분의 부모님들은 상대의 눈을 제대로 맞추지 못한다. 겉으로는 눈을 맞춘 것 같지만 상대의 깊숙한 내면의 세계를 들여다보는 눈맞춤은 거의 이루어지지 않는다. 그래서 30초를 시작으로 조금씩 시간을 늘려간다. 처음에는 어색하고 불편한 눈맞춤이 조금씩 여유로워지고 익숙해져 간다. 그리고 집에 가서 가족들과 눈맞춤을 하면서 대화를 나눠보라고 숙제를 낸다.

필자도 평소 다른 사람과 눈을 마주치고 대화를 나누는 것을 부담스러워한다. 하지만 다음과 같은 이야기를 듣고 난 후 대화코칭을 할 때만큼은 눈맞춤을 하면서 대화를 나누려고 노력한다. 아이는 대화하는 동안 자신이 존중받는 느낌을 받았는지도 모른다.

"선생님! 제 눈을 끝까지 보고 이야기한 사람은 처음입니다. 고맙습니다."

다음으로 이야기하고자 하는 것은 '따라 하기'이다. 상대의 호흡, 동작, 음조와 같이 상대의 상태를 따라 하는 페이징(pacing)과 상대의 말과 동작을 그대로 거울에 비추듯이 따라 하는 미러링(mirroring)이 있다. 필자는 이것을 묶어 '따라 하기'라고 이름 붙여보았다. 코칭을 처음 공부하면서 이 '페이징'과 '미러링'을 숙달하기 위해 연습한 내용을 소개하고자 한다.

필자는 대부분 대중교통으로 이동한다. 그중에서도 지하철은 가장 자주 이용하는 대중교통수단이다. 버스를 이용할 경우에는 마주 보고 앉아있지 않기 때문에 '따라 하기'를 사용하기 어렵지만 지하철을 이용하면 의자를 마주 보고 앉아있기 때문에 연습하기에 좋은 형태가 된다. 그래서 지하철을 이용할 때 '따라 하기' 실습을 많이 했다. 너무 복잡하면 건너편에 앉아있는 분과 대면할 수 없기 때문에 지하철 내에 사람이 적을 경우를 이용했다.

방법은 이렇다. 지하철 내에서 자리를 잡고 눈을 반쯤 감아 건너편에 있는 분의 자세를 따라 하는 것이다. 상대방이 의식하지 못하도록 조심하면서 은근하게 따라 한다. 그러면 건너편에 계시는 분이 어느 순간 고개를 갸웃거리면서 필자를 바라보기 시작한다. 혹시 아는 사람인지 확인하는 것 같은 표정으로 말이다. 상대방과 같은 태도를 가지게 되면 사람들은 무의식적으로 동질감을 가지게 되어 서로 익숙하고 친숙해지는 듯하다.

이렇게 연습한 '따라 하기' 방법으로 아이들과 대화코칭을 해본 결과 사용하기 전보다는 훨씬 더 신뢰형성에 도움이 되었다. 아이와 대화하는 데에 어려움이 느껴질 경우 이런 방법을 동원해서라도 신뢰관계를 형성하기 위해 노력한다.

마지막으로 '되풀이하기'가 있다. 상대의 말을 듣고 중요한 키워드를 내 말속에 넣어서 이야기하는 것이다. 영어로는 백트래킹(backtracking)이라고 한다. 대화를 귀담아 경청하게 되면 아이가 이야기하고자 하는 핵심적인 단어가 귀에 들린다. 코치가 질문하거나 조언을 할 때 이 핵심적인 단어를 포함시키면 아이는 코치가 자신의 이야기를 열심히 들어 준다는 것을 알게 된다. 핵심단어를 포함시키는 것은 코치가 열심히 듣고 있다는 증거가 되고 이야기에 동의한다는 것을 보여주기 때문이다. 또한 아이가 이야기하고자 하는 핵심단어를 반복해서 대화 코드를 맞추어 갈 수 있다. 그래서 서로 일관된 대화가 진행되는 효과도 있다.

대화가 어느 정도 진행된 이후에 중간마다 대화 내용을 요약 정리를 하는 것도 좋다. "방금 네가 이야기한 것이 이러이러한 내용이 맞니?"라고 말이다. 이렇게 하면 아이와의 대화에서 주제를 벗어나지 않으며 아이의 의도를 더 정확하게 이해할 수 있다. 아이는 코치가 자신의 이야기를 잘 듣고 있다고 기분 좋아할지도 모른다.

하지만 '되풀이하기'가 너무 드러나게 되면 오히려 불편함을 느낄 수 있다. 아주 어린 아이들은 부모의 말을 따라 하면서 말을 배운다. 어린아이가 말을 배우기 위해 똑같이 따라 하는 것은 예쁘게 보일지 모르지만 초등학생만 되어도 부모의 말을 따라 하면 점점 짜증이 날 수 있다. 말을 되풀이하는 것은 상대방이 느끼지 못할 정도로 조심해서 사용해야 한다.

  '눈맞춤', '따라 하기', '되풀이하기'를 통해 대화하면서 아이들과 신뢰를 형성하는 데에 많은 도움을 받았다. 하지만 이러한 방법을 이용하기 전에 평소에 아이들과 좋은 관계를 형성하기 위해 많은 노력을 해야 한다. 아이들에게 먼저 인사하기부터 먼저 말 걸기, 칭찬하기, 아이들이 질문하면 하던 일을 중단하고 눈을 맞추면서 응대하기 등 가볍고 사소한 것이라도 한다. 바쁜 업무 때문에 잘 이루어지지 않을 때도 있지만 사정이 허락하는 한 최대한 해내고 있다.

  부모교육에서는 아이를 대할 때 부모의 소유물이나 통제 가능한 사람으로 대하지 말고 아이를 우리 집에 방문한 '손님'으로 대해보라고 권한다. 아이를 대하는 태도를 손님을 대하듯이 하게 되면 아이와 신뢰감을 형성하는 데 많은 도움이 되기 때문이다. 필자도 아이를 '귀한 손님'으로 대하려 노력하고 있다.

04
아이와 부모, 누가 변하는 게 좋을까?

대화코칭이 원활하게 진행되지 않아 어려움을 겪는 사례 중에 아이와 부모와의 관계가 원만하지 않은 경우를 종종 보게 된다. 가끔 전문적으로 상담하시는 분들을 만나보면 문제가 있는 아이들 뒤에는 부모에게 문제가 있는 경우가 많다고 한다. 이에 따라 부모교육을 강화해야 한다고 강력하게 주장하시는 분들이 있는가 하면 결혼허가증을 만들어야 한다고 주장하시는 분들도 있다.

저출산 시대에서 국가의 정책과 상반되는 주장일지 모르지만, 아이들의 교육과 관련되어 일하시는 분들이 얼마나 답답했으면 이런 주장을 펼치시는지 한번 고민해 볼 필요가 있다. 청소년들의 사회적인 문제로 한정해서 볼 게 아니라 부모와 관계를 통해 생각해 봐야 한다는 의미다. 그만큼 아이들 교육에는 부모의 역할이 크다고 할 수 있다. 『핀란드 자녀교육법』(코바야시 아사오, 동해)에서 '아이의 점수는 곧 부모의 점수'라고 했을 정도다.

사람의 성격은 부모를 닮기도 하며, 자라난 환경에 영향을 받기도 합니다. 부모의 육아 방법, 양육태도, 교육수준, 가족구성, 가족의 경제상태, 가족의 사회적 지위, 인간관계, 거주지의 환경, 문화 등이 성격 형성에 크게 영향을 주는 요인이 됩니다. 이 중에서도 특히 중요한 것이 자녀들이 바로 옆에서 생활하는 어머니의 양육태도입니다.

사랑하는 자식이지만 때로는 밉다는 생각이 들기도 하고, 성질이 못되었다고 개탄하기도 하지만, 따지고 보면 그런 자식의 성격을 만들어 낸 사람이 바로 자기 자신이라는 사실을 깨달아야 합니다.

— 심리학의 즐거움(크리스 라반 지음, 휘닉스)

코칭을 공부하면서 우연히 EBS 다큐 프라임 〈엄마가 달라졌어요〉라는 프로그램을 알게 되었다. 마침 필자도 아이들과 코칭을 하면서 부모 역할의 중요성을 인식하고 있던 때라 관심 있게 보았다. 이 프로그램을 시청하면서 인상 깊었던 부분은 중간에 포기하는 분에 대한 이야기다.

자신이 변화하는 것은 거부하고 아이만 변하기를 바라는 부모는 결국 중도 하차하게 되고 아이의 변화를 이끌어내지 못한다. 부모는 아이의 거울이라고 했다. 아이의 변화를 이끌어내기 위해서는 먼저 부모의 생각과 태도가 변해야 하는데 어떤 부모님은 자신이 변하는 것을 두려워하는 것 같았다.

필자도 위와 같은 프로그램의 내용과 비슷한 경험을 한 적이 있다. 대화 코칭을 통해서 아이에게 허락을 받아 부모와 약속을 하고 만나는 경우가 있었다. 그럴 경우 대체로 부모가 변해야 할 부분은 변하도록 노력하고, 아이는 대화코칭을 통하여 발전할 수 있도록 돕자고 이야기한다. 아이를 위해 서로 돕고 협력하는 것으로 대화가 잘 이루어진다.

대화하는 동안 부모는 자신의 근황이나 아이에 대해 이야기를 하면서 안타까운 마음에 중간중간 눈물을 보이기도 한다. 그러면서 자신의 어려운 점에 관해서도 이야기한다. 필자는 아이와의 관계에 대한 이야기를 들으면서 궁금한 것을 물어보기도 한다. 부모는 아이의 문제가 자신의 문제라고 인정하면서 대체로 원활하게 대화가 진행된다.

때로는 대화가 잘 이루어지지 않는 경우도 있다. 결정적으로 다음과 같은 이야기를 한다. "아이가 변해야지 왜 내가 변해야 하는지 모르겠어요", "먹여 주고, 재워 주고, 입혀 주는 것까지 아이에게 할 수 있는 것을 모두 하고 있습니다"라고 주장하면서 자신의 생각과 태도를 바꾸고 싶은 생각이 없다고 한다. 아이와의 대화를 통해 서로 이해하고 소통하면서 지내는 것이 아니라 "서로 부딪치지 않기 위해서 간섭하지 않고 잔소리를 줄이고 그냥 지내는 것이 좋겠습니다"라고 말씀하시는 분도 있다.

이런 대화가 오고 가면 뭐라고 말할 수 없는 안타까움에 안절부절못한다. 하지만 다른 사람이 변화하도록 도울 수는 있어도 변화시켜줄 수 없다는 것을 알고 있기 때문에 대화를 마무리한다. 아쉬운 마음에 다시 만나서 더 이야기를 해보자고 권해 봐도 대체로 거절한다.

'부모가 1% 변하면 아이는 99% 변한다'고 한다. 필자의 경험으로도 이 말은 참으로 명언이다. 부모가 자신의 상자 속에 갇혀 대화를 하면 아이의 잠재력을 개발하고 발전시키기가 매우 어렵다. 아이와의 관계에서 권력과 기득권을 가진 부모가 열린 마음으로 아이를 대한다면 아이는 무한하게 변화할 수 있다.

05
'맞장구치기'로 시작한 공감(共感)

　　　　　　　　　　아이들과의 대화는 언제나 어렵게 느껴진다. 말, 표정, 어감, 어투 등 사소한 모든 것이 아이들에게 영향을 미치기 때문이다. 혹시나 미세한 변화로 아이들에게 나쁜 영향을 끼칠까 봐 긴장하게 된다.

　코칭을 배우면서 공감에 대한 중요성을 많이 들었지만 아이들의 이야기를 인정하고 공감하는 것은 여간 어려운 일이 아니었다. 오랜 교직 생활 동안 아이들의 이야기를 듣기보다는 일방적으로 지식을 전달하거나 가르치는 것에 익숙해져 있었다. 필자의 가치관과 신념 그리고 사회적 약속을 우선으로 실행하려고 하는 태도 때문인지 아이들의 이야기를 듣고 공감하는 것이 힘들었다.

그래서 기본부터 충실히 해보고자 '공감'이라는 단어를 찾아보았다. '남의 감정, 의견, 주장 따위에 대하여 자기도 그렇다고 느낌, 또는 그렇게 느끼는 기분'이라고 되어 있었다. 그 뜻이 머리로는 이해가 되었지만 마음으로는 도저히 느껴지지 않았다. 그러다가 어느 순간 공감이란 아이와 내가 '함께 느끼고, 함께 아파한다'라는 것이 아닐까 하는 생각이 들었다.

어떻게 아이의 어려움을 함께 느끼면서 함께 아파할 수 있을지 그리고 과연 그 느낌이 나에게 전해질 것인지에 대해서도 의심이 생겼다. 여러 가지 자료를 찾아보고 공감하는 방법에 대해 공부하면서 간단한 것부터 시작해 보기로 했다. 우선 아이와 대화를 하면서 아이의 이야기가 마음으로 느낌이 오지 않아도 "그래", "그렇구나!", "아~!", "정말?"과 같이 간단하게 '맞장구'를 치기로 했다.

막상 대화를 하면서 맞장구를 쳐 보았지만 아이의 감정을 느낄 만큼 마음에 와 닿지 않았다. '맞장구치기를 지속적으로 하다 보면 뭔가가 달라지겠지' 하는 막연한 기대를 가지고 계속 해보았다. 마음으로 느껴지지 않는 맞장구치기가 어색하기도 하고 아이를 위해 코칭을 한다는 핑계로 아이를 속이는 것 같았다. 그렇지만 아이와 대화에서 공감하기 위해서는 맞장구치기가 제일 쉬운 일이었다. 그것을 알기에 불편한 마음을 무릅쓰고 계속 실행하였다.

코칭을 마칠 즈음 한 아이가 "저를 인정해 주셔서 고맙습니다. 처음으로 제가 인정을 받은 것 같습니다"라고 이야기했다. 그때의 그 느낌을 다 말할 수 없었다. 단순히 맞장구를 쳤을 뿐인데 아이들은 자신이 인정받고 있다고 느끼면서 필자에게 다가오는 것이기 때문이다.

또 다른 아이는 "제가 좋아하는 선생님이 몇 분 있는데 그중에 선생님이 제일 좋아요. 제 이야기를 들어 주시고 공감하고 인정해 주시는 분은 선생님밖에 없어요"라는 말을 했다. 아이들의 이야기는 공감과 인정의 중요성을 깨닫게 해주었다. 한마디로 아이들이 나의 공감능력을 성장시켜 준 스승인 셈이다.

이 작은 변화를 시작으로 아이들의 표정, 태도, 어감, 어투 등을 살필 수 있는 여유가 생기면서 아이들이 이야기하고자 하는 감정을 조금씩 느끼게 되었다. '함께 느끼고, 함께 아파한다'라는 말을 제대로 이해할 수 있게 된 것이다. 아이들의 이야기를 제대로 공감하고 인정하게 되면서 아이들과 필자 사이에는 알게 모르게 바닥에 깔리듯 신뢰감이 형성되기 시작했다. 아이들이 "선생님과 만나면 편안해요!", "선생님과 이야기하면 왠지 모르게 힘이 나요!"와 같은 표현을 하곤 했다.

이후 코칭을 받기 위해 찾아오는 아이들이 조금씩 늘어나기도 했다. 아이들과 대화코칭을 하게 되면 스스럼없이 자신의 속내를 이야기하기 시작했다. 그러는 과정에서 제일 많이 소비된 것은 휴지가 아니었나 싶다. 부모님 앞에서 할 수 없는 이야기, 선생님과 친구에게도 할 수 없는 이야기를 쏟아내다 보니 한없이 눈물을 흘렸다.

맞장구치기로 얻게 된 최고의 혜택은 아이들에게 얻은 신뢰감이다. 맞장구치기라는 태도 하나가 아이와의 대화에서 많은 것을 얻게 해줄 것이라고는 상상도 하지 못했다. 이 작은 행동이 아이들과 신뢰관계를 형성했다. 필자 역시도 코치 대화의 능력이 향상되었음을 느낄 수 있었다. '맞장구치기'는 공감과 신뢰를 이끌어내는 멋진 도구다.

06
대화의 핵심은 '경청'이다

"선생님! 제 말을 잘 들어주서서 고맙습니다."

"제 이야기를 끝까지 들어주신 분은 선생님이 처음입니다."

"일방적으로 뭔가 하라고는 해도 제 이야기를 들어주신 분은 처음입니다."

진로-학습 코칭을 하고 나면 이러한 반응을 보이는 아이들이 제법 있다. 시작은 자신의 진로나 학습능력 향상을 위한 코칭이지만 정작 아이들은 자신의 어려움이나 속내를 풀어낸 것을 좋아한다. 학교생활, 친구 관계, 학습에 대한 스트레스를 누군가가 해결해 주기보다는 자신의 이야기를 그저 들어주면서 공감해 주고 이해받고 싶은 마음일 것이다. 그래서 가끔 아이들과 대화를 하다 보면 자신의 이야기를 들어 줄 사람을 찾고 있는 듯하다.

'경청'은 사전에서 '귀기울여 들음(傾聽)'과 '공경하는 마음으로 들음(敬聽)'으로 찾을 수 있다. 귀기울여서 듣거나 공경하는 마음으로 듣는 것은 어떤 것일까? 그것은 청(聽)자에 그 중심적인 의미가 담겨 있다.

청(聽)자를 부수로 자세히 뜯어보면…(중략) 왼쪽에는 귀 이(耳)자 밑에 임금 왕(王)자가 있었다. 그리고 오른쪽에는 열십(十)자 밑에 눈 목(目)자를 옆으로 눕혀 놓은 글씨가 있었고, 그 아래 한 일(一)자와 마음 심(心)자가 차례로 놓여 있었다. (중략) 듣는다는 것, 그것은 왕 같은 귀를 갖는다는 뜻이 아닐까요…(중략) 열 개의 눈이란 무엇일까요? 좋은 시력을 말하는 것일까요? 혹시, 마음의 눈을 말하는 건 아닐까요?

— 경청(위즈덤하우스)

위의 내용을 정리해 보면 '임금님의 귀와 같이 귀하게 해서 마음의 눈으로 하나의 마음(一心)으로 듣는다'라고 할 수 있다. 우리는 상대방의 이야기를 정말 귀담아듣는지 생각해 봐야 한다. 부모님과 대화를 할 경우 가끔 다음과 같은 말씀을 하시는 분이 있다.

"아이들의 이야기를 열심히 들으려고 노력하지만 아이들이 '엄마! 내 이야기 듣고 있어요? 바쁘시면 나중에 들으셔도 돼요!' 라는 말을 듣습니다."

필자도 경청하는 방법을 배우면서 처음에는 종종 이런 경우가 생겼다. 겉으로는 아이와 대화를 하는 형식을 취하지만 머릿속으로는 다른 생각을 했다. '무슨 대답을 해줄까?', '무엇을 물어볼까?' '아! 이런저런 말을 하면 되겠네!' 등 다양한 생각을 하다 보니 아이들의 이야기를 온전해 듣지 못해 대화의 맥락을 놓치기도 했다. 아이들은 말을 하지 않아도 이런 상태를 용하게 알아본다. 그런 면에서 경청은 쉬운 듯하면서도 어렵다.

세상의 모든 부모들은 자식이 잘되기를 바라는 마음을 가졌을 것이다. 그렇다면 우리는 이런저런 조언을 하기 전에 들어보아야 한다. 아이가 진정 무엇을 원하는지, 아이가 하고 싶어 하는 이야기가 무엇인지 임금님의 귀와 같이 귀하게 하여 마음의 눈을 가지고 아이가 스스로 발전해 나갈 수 있도록 도와주는 것이 우리의 역할이 아닐까?

07
성적을 향상시킨 경청의 효과

　　앞에서는 경청에 대한 원론적인 이야기를 했다면 이번에는 실제 사례를 통하여 성적을 향상시킨 경청의 효과에 대해서 이야기를 하고자 한다. '비전코칭 봉사단'과 매주 토요일에 고등학생을 대상으로 코칭 봉사를 한 적이 있었다. 일주일에 한 번 만나서 전체 8주간 코칭을 하는 과정이었다. 코치 한 명당 세 명의 학생을 배정받아 오전 내내 코칭을 하였다. 필자도 세 명의 아이를 배정받아 코칭을 시작하였다. 그중에 한 아이에 대한 이야기를 적어본다.

　첫째 날, 아이는 간단하게 자신을 소개하고 영어 성적에 대한 이야기로 말문을 열었다. 감정에 복받쳐 약간 울먹이는 것 같았지만 대체로 차분하게 자신의 고민에 대해 이야기를 했다. "그래, 그렇구나!" "많이 힘들겠구나!"

등 아이의 이야기를 공감하고 인정해 주면서 열심히 경청하였다. 그렇게 첫 번째 만남을 마쳤다.

두 번째 만남에서 아이는 몇 분 지나지 않아 눈물을 쏟아내기 시작했다. 그 눈물이 7회기까지 갈 것이라고는 전혀 예상하지 못했다. 특별한 이야기를 나누지 않았는데도 불구하고 아이가 눈물을 흘리는 것을 보면서 필자는 많이 당황했다. 눈물을 흘리면서 조금씩 자신의 이야기를 하기 시작하는 아이에게 필자는 역시 "그렇구나!", "힘들겠구나"라고 대응하는 것 이상 할 수 있는 게 없었다.

아이의 이야기를 요약하자면 이렇다. 고등학교에 진학한 후 첫 번째 시험에서 영어 성적이 잘 나왔다고 한다. 하지만 그 이후부터 영어 성적이 계속 떨어져 고등학교 3학년 1학기인 현재, 자신이 받은 영어점수 중에서 최하의 성적이 받았다는 것이다. 온갖 방법을 다 써보았지만 영어 성적은 끝없이 추락하고 있다고 했다. 다시 고등학교 1학년 때 처음 받았던 영어 성적으로 향상된다면 자신 있고 당당하게 생활할 수 있겠다고 말하는 아이가 너무 안타까웠다.

이후 3회기, 4회기, 7회기까지 아이는 영어 성적이 떨어진 것에 대한 하소연을 쏟아 내면서 눈물을 흘렸다. 필자가 할 수 있는 것은 위로와 격려 그리고 경청하며 공감하는 일뿐이었다. 특별하게 어떻게 하라고 한 적도 없고, 공부 방법에 대해서 이야기를 나눈 적도 없다. 그저 열심히 아이의 이야기를 듣고 이따금씩 질문할뿐이었다.

약속된 마지막 8회기가 돌아왔다. 필자가 아이를 만나기 위해 교무실을 나서는데 복도 끝에 서 있는 아이가 보였다. 멀리서 보는 데도 어딘가 달라 보였다. 가까이 다가갈수록 눈에 들어오는 그 환한 표정, 자신감에 찬 표정이라고 할까? 처음 만났을 때 침울한 표정과는 너무나 달라 보였다.

아이에게 무슨 좋은 일이 있느냐고 몇 번을 물어보았지만 배시시 웃기만 할 뿐 대답이 없었다. 그래서 자리를 잡고 이야기를 나누기 시작했다. 아이는 3일 전에 모의고사 시험을 보았는데, 영어 점수가 20점 상승하여 고1 때 처음 시험을 친 상태로 돌아왔다고 했다. 전체적으로 모의고사 성적이 60점이나 상승하였다고도 했다. 이제 자신감이 생겨서 지금부터는 무엇을 해도 잘할 수 있겠다고 말하는 아이가 그렇게 예쁠 수가 없었다. 마지막으로 농담 한마디를 했다.

"그동안 사용한 휴지 값 나중에 꼭 갚아라!"

이 사례를 통하여 한 가지 배운 것이 있었다. 아이들에게 성적을 올리도록 돕기 위해서는 성적에 집중하기보다 아이의 마음을 이해해야 한다는 것이다. 이 사례에서 필자의 역할은 그저 아이의 이야기를 들어주고 공감하고 이해하는 정도였다. 아이들은 자신의 이야기를 들어 줄 누군가가 필요한 것이지 대신 공부해 줄 사람, 공부 방법을 가르쳐 줄 사람이 필요했던 것이 아니었다. 자신의 가슴 속에 담아 놓았던 이야기를 끄집어내면서 자기 생각을 정리할 기회를 가지기를 원했던 것 같다.

성적을 향상시키고 싶은 마음은 본인이 가장 간절할 것이다. 아이들과 대화에서 성적에 집중하기보다는 아이들이 스스로 발전할 수 있도록 도와줄 수 있는 역할이 중요하다. 그래서 필자는 아이들이 성적 문제로 찾아오게 될 때면 성적보다도 아이들의 마음을 먼저 이해하고 공감하는 방향으로 코칭을 하려고 노력하고 있다.

08
경청, 그 어려움!

자원의 분배 또는 생산성과 관련해서 '80:20 법칙'이라는 게 있다. 지금은 다양한 분야에서 적용가능한 이론이 되었으며 코칭의 핵심 이론 중 하나로 자리잡고 있기도 하다. 대화코칭에서 80:20 법칙은 전체대화 중에 80%는 상대방의 이야기를 듣고 20%만 코치가 이야기해야 한다는 것이다.

대화코칭을 위해 아이와 이야기를 나눌 때 코치가 가지고 있는 지식을 기반으로 아무리 가르치려고 해도 아이는 잘 받아들이지 않기 때문이다. 코치는 자신의 생각을 아이에게 전해주는 것보다 아이가 이야기를 많이 하도록 이끌어서 다양한 방향으로 사고를 확장시킨다. 아이 스스로 선택하고 판단하여 행동으로 옮길 수 있도록 도와주는 것이 중요하기 때문이다. 따라서

80%는 경청하고 20% 정도만 이야기한다. 또한 코치는 장황하게 늘어놓으며 하는 말보다 효과적인 질문을 통해서 아이의 이야기를 많이 이끌어내는 것이 중요하다.

아이의 이야기를 경청한다는 것은 쉽지 않은 일이다. 몇 년 전에 '비전코칭 봉사단'과 같이 봉사활동을 하면서 겪은 이야기다. 한번은 같이 봉사활동하시는 분이 급한 일정이 생겨서 참석하지 못했다. 그래서 필자가 배정받은 3명의 아이와 오전에 대화코칭을 나누고, 오후에는 그 코치에게 배정된 아이들과 대화를 나누게 되었다. 사실 3시간의 대화코칭으로 많이 피곤한 상태였지만 아이들이 꼭 하고 싶다는 희망 때문에 진행했다.

점심을 먹고 첫 번째 시간은 만족할 만큼 대화를 나누었다. 문제는 두 번째 시간부터였다. 15분 정도 시간이 지나서 눈은 뜨고 있는데 아이의 이야기가 귀에 들어오지 않았다. 몸은 깨어 있는데 뇌가 잠자고 있는 것 같았다. 오랜 시간 동안 아이의 이야기를 집중해서 듣다 보니 뇌가 피로해져 휴면상태로 전환된 느낌이었다. 그렇다고 아이가 이야기하고 있는데 그만둘 수는 없었다. 오랜 시간 동안 집중하여 경청하는 것이 에너지를 많이 소비한다는 것을 체감했다. 대화코칭을 했던 기억 중에 가장 힘들었던 경험이었다.

필자의 경험으로는 말하는 것보다 경청하는 것이 몇 배는 더 힘든 것 같다. 하루에 8시간 이상을 강의하는 것보다 서너 시간의 대화코칭이 더 힘들고 지친다. 그래서 대화코칭에서 에너지를 많이 소비하는 경우에 대해 이야기하고자 한다.

첫째, 대화코칭을 하다 보면 심리적으로 에너지가 많이 소비되는 경우가 생긴다. 대표적으로 코치가 가지고 있는 인생의 철학과 삶의 가치관 그리고 신념이 아이와 상반되는 경우다. 이것은 코치의 내면에서 일어나는 심리적 갈등 때문에 매우 어려운 상황에 놓이게 된다. 코치는 마음속에서 '이러면 안 되는데!', '이러저러한 이야기를 해주어야 하는데!'라는 의무감 때문에 심리적 갈등이 생겨 에너지가 소모된다.

이것은 코치가 알고 있는 지식과 정보를 바탕으로 필터링해서 듣기 때문이다. 코치의 생각대로 아이를 판단하고 재단하기 때문에 아이의 이야기를 온전히 들을 수가 없다. 이럴 경우에는 차라리 알고 있는 지식과 정보를 몽땅 버리고 싶을 때가 있다.

둘째, 아이의 이야기를 듣는 동안 코치의 머릿속에서 온갖 생각들이 떠올라 이야기를 잘 듣지 못한다는 것이다. 필자가 코칭을 처음 시작할 때 이 부분이 무척 힘들었다. 아이와 대화코칭을 하면서 '다음에 무슨 말을 할까?', '어떤 대답을 해주어야 할까?', '이렇게 하면 안 되는데!' 등 머릿속에 아이를 가르치려고 하는 다른 생각들이 끊임없이 떠올랐다.

눈과 귀는 아이에게 향하고 있지만 진작 머릿속에는 다른 생각으로 꽉 차 있어서 아이의 이야기를 제대로 듣지 못할 때가 있다. 이럴 경우에 어김없이 나오는 말이 있다. "선생님! 계속 이야기해도 돼요?" 코치가 머릿속으로 다른 생각을 하고 있는 것을 아이들은 알아차린다.

아이의 가슴속에 숨겨놓은 온갖 이야기를 하나도 놓치지 않고 듣는다는 것은 사실상 힘든 일이다. 아이의 이야기를 들어주는 것이 힘들다는 것을 확인해 보고 싶다면, 지금 당장 코치의 입장(부모 등)에 있는 분들은 자신의 의견을 이야기하지 않고 공감(맞장구치기)과 경청만으로 2시간 이상 대화를 나누어 보면 이해될 것이다. 하고 싶은 이야기가 목구멍을 곧 빠져나올 것 같은 느낌과 엄청난 감정이 요동을 칠 것이다. 하지만 이런 과정이 아이와 신뢰관계를 형성하고 대화의 물꼬를 틔우는 좋은 계기가 되기도 한다.

09
경청할 에너지가 없다면 대화하지 말자

        '휴! 이야기를 많이 하니 힘드네. 이제 좀 쉬어야겠다!'

  누군가와 대화(회의 등)를 나누다가 이렇게 느껴본 적이 없는가? 말을 한다는 것은 많은 에너지를 소비하는 활동 중 하나이다. 말을 많이 하는 것은 힘든 일이다. 하지만 필자는 말을 하는 것보다 다른 사람의 이야기를 들어주는 것이 더 많은 에너지를 소비한다고 여긴다.

  진로전담교사가 되고 나서 제일 많이 듣는 인사가 "상담하면서 말을 많이 하는 것이 힘들지 않으세요?"라는 물음이다. 사실 말을 많이 할 때보다는 아이의 이야기를 집중하여 듣고 있을 때가 더 힘들다. 특히 아이들의 교우관계, 가족관계, 자존감 문제, 성적문제 등 부정적인 문제에 대한 이야기를 집중하여 듣고 있을 때는 모든 에너지가 빠져나가는 것 같아 녹초가 되는 경험을 자주 한다. 대화 중에 '이야기를 많이 했으니 쉬어야겠다'라는 것은 자신의 이야기만 하고 상대의 이야기를 듣지 않겠다는 것과 같다.

학교에서 아이들과 진로-학습 코칭 할 시간을 조율하기란 쉽지 않다. 수업시간에 불러서 코칭 한다는 것은 교과목의 진도와 연결이 되어 있어 급한 일이 아니면 코칭을 진행하기가 어렵다. 그래서 주로 아침 자습시간과 야간 자습시간을 이용한다.

아침에 코칭을 할 때에는 정신이 맑고 체력적으로 충만한 상태다. 특히 아이들의 이야기를 잘 들어주어 대화가 여유롭게 이루어진다. 반면 저녁 시간에는 하루 업무를 마치고 피곤한 상태에 있다 보니 대화코칭에 어려움이 많다. 빨리 마치고 집에 가서 쉬어야겠다는 생각 때문에 듣는 자세도 흐트러지고 마음도 조급해진다. 다음 날 일정을 위해 방어적인 태도가 생기기도 한다. 그래서 최대한 여유롭고 컨디션이 좋은 시간에 아이들과 대화를 나누려고 노력한다.

아이들과 대화가 잘 이루어지지 않는 경우는 여러 가지 있겠지만 그중에 하나는 경청할 에너지가 부족할 때다. 직장생활에 지친 부모와 학교생활에 지쳐있는 아이가 진로-학습뿐만 아니라 다양한 문제에 대해 대화를 시도할 경우 상대방의 이야기를 들어줄 여유가 없어 원활하게 대화가 진행될 가능성이 작아지는 것이다.

대화는 여유로운 상태에서 해야 한다. 에너지가 고갈된 상태에서는 상대방의 이야기에 집중하기보다 자신의 이야기를 최대한 빨리 전달하고 끝내야겠다는 압박감이 생길 수도 있다. 부모가 직장생활로 에너지가 모두 소진된 상태에서 대화를 시도한다면 서로 감정만 상하는 힘든 대화가 될 가능성이 크다. 따라서 심리적으로 여유가 있고, 체력적으로 상태가 좋을 때 아이들과 대화를 시도하는 것이 좋다.

사람들에게서 에너지를 고갈시키는 요인은 많다. 내면적 갈등, 피로, 배고픔 등과 같은 내적인 요인뿐만 아니라 주변의 환경, 제한된 시간, 과도한 업무 등과 같은 외적인 요인도 발생한다. 그중 사람 간의 대화가 가장 많은 에너지를 소비시킨다. 따라서 대화를 나누기 위해서는 에너지가 충만한 시간을 선택하는 것이 중요하다.

10
생각을 끌어내는 질문

　　　　　　　　　　대화코칭에서 필자가 제일 중요하게 생각하는 것은 신뢰, 공감, 경청, 질문이다. 신뢰와 공감과 경청에 대해서는 앞에서 언급했으니 여기서는 질문에 대해서 이야기하고자 한다.

　필자도 처음부터 코칭을 알게 된 것은 아니었다. 처음에는 학습방법에 중심을 두고 시작했지만 아이들의 마음, 즉, 동기가 중요하다는 것을 인식하고 찾기 시작했다고 밝힌 바 있다. 아이들의 마음을 변화시키기 위한 방법을 찾으면서 알게 된 것이 '질문'이었다.

　사람들은 인생에서 배우고 경험한 모든 지식과 정보가 절대적으로 옳다고 생각하고 아이들에게 전해주기 위해 많은 이야기를 한다. 아이들이 어떤 생각을 하고 있는지도 모른 채 말이다. 필자도 예전에는 아이들의 생각을 끌어내기보다는 알고 있는 지식을 가르치려고만 했던 것 같다.

　세상의 경험을 통해 얻은 정보를 전달해 주는 것도 좋지만 더 중요한 것은 아이들이 자신에 대해서 생각하고 이해하는 것이다. 자신이 겪는 일에 대해서 누군가가 해답을 찾아주는 것이 아니라 아이들 스스로 해답을 찾아가도록 도와주는 것이 더 중요하다.

　그래서 만난 것이 '질문'이라는 키워드였다. 질문은 아이가 스스로 생각하고 판단할 수 있도록 도와줄 수 있는 핵심적인 방법 중 하나라고 할 수 있다. 질문을 받은 아이는 반드시 그 질문에 대해 생각해 보게 되고 답을 찾는 과정을 거치게 된다. 그리고 행동으로 이끌어내게 된다.

　그렇다면 질문이란 무엇인가? '질문(質問)'을 사전에 찾아보면 '알고자 하는 바를 얻기 위해 물음'이라고 되어 있다. 필자는 한자를 분석해보았다. '도끼(斤)로 조개(貝)를 캐듯이 조심하면서 대문(門) 앞에서 집안의 사정을 조심스럽게 입(口)으로 묻는 것'이라는 말이다. 질문은 무조건 물음표를 붙여서 이야기하는 것이 아니라 상대방의 사정을 봐가면서 조심스럽게 물어야 한다. 즉 공감과 경청을 통하여 상대방의 마음을 헤아려서 알고 싶은 정보를 얻는 것을 말한다. 아이를 인정하고 이해하기 위해 질문을 해야지 아이를 추궁하기 위한 질문을 해서는 안 된다.

　일반적으로 대화에서 사람의 의식은 내면보다 바깥쪽으로 향하고 있다. 하지만 질문을 받게 되면 사람은 자신의 내면을 둘러보고 자신이 평소에 생각해 보지 못한 잠재의식까지 바라보면서 깊이 있는 태도를 가지게 된다. 즉 질문을 받은 사람은 일단 생각하게 되어있기 때문에 사고력이 확장되어 다양한 방향으로 자신을 바라보게 된다. 그래서 질문은 이렇게 저렇게 하라고 가르치거나 지시하는 것보다 스스로 생각하고 판단하기 때문에 결정권이 자신에게 있어서 행동으로 옮길 수도 있다는 것이다.

질문한다는 것은 생각보다 어려운 일이다. 어릴 때부터 어른들이 대화할 때 아이들이 중간에 끼어들어 질문하면 "넌 몰라도 돼!", "어른들 하는 이야기에 버릇없이 끼어들지 마라!"와 같이 질문할 수 있는 기회를 빼앗아 버리기 때문이다. 학교에서도 질문을 하면 친구들이 이상하게 쳐다보면서 바보 취급을 하는 분위기 때문에 질문을 꺼리게 된다.

중학교 1학년 1학기까지는 어느 정도 질문을 하는 것 같다. 그러다가 점점 시간이 지나면서 아이들은 질문을 하기보다는 배움에 대해서 수동적으로 변한다. 나중에는 아예 입을 다물고 생활하기 시작한다. 그저 가르치는 것을 익히면 되기 때문이다. 이렇게 궁금한 것에 대한 질문이 없어지기 시작하면서 사물이나 사람 그리고 주변의 모든 것에 대해서 호기심마저 사라져 버린다.

우리는 아이들에게 무엇인가 많은 내용을 가르치기보다 아이들이 스스로 판단하고 결정할 수 있도록 도와주는 것이 더 중요하다. 스스로 결정한 것에 대해서는 책임감 있는 행동이 뒤따라오기 때문이다. 생각을 끌어내는 질문을 통하여 스스로 자기 주도적인 삶을 살 수 있도록 도와주자.

11
간단하고 쉽게 질문하기

질문하는 것이 생각보다 쉽지 않다. 어릴 때부터 질문과 대답을 하는 제대로 된 대화가 아닌 일방적으로 조언이나 충고를 듣는 교육을 받아왔기 때문이다. 갑자기 질문한다는 것이 어색하기도 하거니와 유도 질문을 통해서 아이들을 오히려 추궁하는 형태를 가지게 된다.

처음에 아이들과 대화를 하면서 질문을 하기란 쉽지 않았다. 질문을 통한 새로운 대화법을 사용한다는 것이 익숙하지도 않았고 그렇다고 질문을 몇 개 외우고 있다고 해서 대화가 원활하게 이루어지는 것도 아니었다.

'어떻게 하면 효과적으로 질문을 할 수 있을까?' 평소에 질문을 잘한다고 생각했지만 막상 아이들과 대화코칭을 시작하면서 '효과적인 질문법'에 대한 고민이 만만치 않았다. 그래서 많은 자료를 통하여 찾아낸 것이 있다. 이 장에서는 간단한 질문법에 관해서 설명하고자 한다.

첫째, '왜(Why)?'라는 단어보다는 '이유'라는 단어를 사용하는 것이 좋다. '왜'라는 단어는 무엇인가 의문이 생겼을 때 많이 사용하는 단어다. 가장 쉽게 "왜 그랬어?", "왜 그렇게 하는데?"라고 사용할 수 있다. 이 단어를 반복적으로 사용하면 내면 깊은 곳까지 생각할 수 있도록 도와준다. 하지만 아이와의 관계가 좋은 상태가 아니라면 '왜?'라는 단어를 사용하는 것을 자제해야 한다. 이것을 반복적으로 자주 사용하게 되면 아이가 추궁당하는 것 같은 느낌을 받을 뿐만 아니라 질문자의 감정 상태와 어감과 어투의 변화에 따라 부정적인 표현으로 변화될 수 있기 때문이다.

아이와 대화를 할 때 "왜 그랬어?"라기보다는 "그렇게 하는 이유가 뭐니?"라고 묻는 것이 훨씬 부드럽고 아이와 대화를 원활하게 진행할 수 있도록 도와준다. 필자는 아이와 좋은 관계를 형성하기 전에는 '이유'라는 단어를 사용하다가 아이와 서로 충분한 교감이 이루어진 이후에는 '왜'라는 단어를 사용하기도 한다.

둘째, '무엇을(What)'이라는 단어를 사용한다. '무엇'이라는 단어는 아이가 가지고 있는 목표와 가치를 묻는 단어다. 이 단어는 "예", "아니오"와 같은 간단한 대답을 이끌어내는 폐쇄형 질문이 아니라 아이의 생각을 끌어내는 개방형 질문에 속하기 때문이다. 그래서 아이가 원하는 목표와 가치를 이끌어낼 수 있고, 아이의 생각을 미래의 자신으로 여행할 수 있게 도와준다.

"네가 원하는 것이 무엇이니?", "네가 가장 잘하는 것이 무엇이니?", "네가 무엇을 하면 좋겠니?"와 같이 '무엇'이라는 단어를 통하여 다양한 방향으로 사고의 확장이 일어날 수 있다.

셋째, '어떻게(How)'라는 단어를 사용한다. '어떻게'라는 단어도 개방형 질문에 속하며 목표를 성취하기 위한 방법을 묻는 단어다. 아이가 무엇을 할 것인지에 대해서 인식하고 나면 어떻게 이룰 것인지에 대한 생각을 도와준다.

아이들이 많은 생각을 거쳐 자신이 해야 할 일이 무엇인지 이해하고 나면 행동으로 옮겨야 하는데 이때 '어떻게'를 사용하면 효과적이다. "너는 어떻게 하고 싶니?", "어떻게 하는 것이 가장 효과적이겠니?", "네가 행동으로 옮기기 위해 어떻게 하면 좋겠니?"라는 질문을 통하여 다양한 방법을 생각하도록 도와주는 것이다.

넷째, '언제(When)'라는 단어다. 아이들이 무엇을 할지 목표와 가치가 정해지고 그것에 도달하는 방법을 깨우쳐 주고 나면 대화를 그만두는 경우가 많다. 하지만 여기서 끝내면 안 된다. 아이들에게 이것을 언제까지 할 수 있는지에 대한 '시간제한'의 인식을 깨우쳐 줄 필요가 있다. '언제'라는 단어를 사용하여 시간에 제한을 둠으로써 아이가 자신이 생각하고 결정한 행동에 대해 책임지고 목표에 도달할 수 있도록 도와주는 것이다. 이렇게 하지 않으면 아이는 자기 생각에 대한 책임감이 떨어져서 행동으로 옮기는 힘이 약해진다.

"네가 말한 것을 언제부터 시작할 수 있니?", "언제까지 네 목표에 도달할 수 있겠니?"와 같이 아이가 반드시 행동으로 옮길 수 있도록 도와주어야 한다.

다섯째, '만약 ~라면'이라는 말은 필자가 많이 사용하는 것이다. 현실적으로 표현할 수 없는 경우나 아이들이 다양한 방향으로 사고할 수 있도록 도와주기 위해서다. 아이들과 대화코칭을 할 경우 더 이상 질문하기 곤란하거나 대화가 원활하게 진행되지 않은 경우에 이것을 많이 사용한다.

가정(假定)은 어디까지나 일어나지 않은 일이기 때문에 아이가 이야기한 내용에 대해 책임도 줄일 수 있다. 현실적으로는 어렵지만 언젠가는 가능한 부분에 대해서도 생각해 볼 수 있도록 도와준다. 다양한 상황을 가상적으로 만들어 낼 수 있는 좋은 장점이 있다.

다음은 필자가 자주 사용하는 질문을 간단히 소개하고자 한다. 아이들과 대화를 하면서 효과를 많이 봤던 질문이다.

> "만약 이 세상에서 부모님이 갑자기 사라지고, 너를 후원해 줄 수 있는 사람이 아무도 없다면 너는 어떻게 행동을 해야겠니?"

부모님과 떨어져서 생활하는 것을 생각해 본 적 없는 아이들에게 조금 충격일지도 모르지만 보통 아이들은 부모로부터 독립적인 인격임을 인식한다. 그리고 자신이 지금부터 준비해야 할 것들에 대해 줄줄이 이야기하기 시작한다. 비록 가상이지만 아이들이 자신의 미래에 대해 깊이 있게 생각해 볼 기회를 제공한다. 그 이외에도 다음과 같은 질문들을 적용하면 좋은 효과를 볼 수 있다.

"만약 네가 10년 후 성공한 29살이라면, 지금의 너에게 어떤 조언을 해주고 싶니?"

"만약 네가 1년 동안 학교에 나오지 않아도 되고, 네가 무엇이든지 하고 싶은 것을 할 수 있다면 너는 무엇을 하고 싶니?"

"예", "아니오"라는 폐쇄형 질문보다 아이들의 생각을 끌어낼 수 있는 개방형 질문을 많이 사용하는 것이 좋다. 위의 다섯 가지의 질문방법의 키워드는 폐쇄형 질문이 아니라 개방형 질문에 속한다.

과유불급이라고 했다. 아무리 좋은 것도 지나치면 효과를 보지 못한다. 적당하고 적절한 시기에 잘 사용하는 것은 무엇보다도 중요하다. 또한 같은 말이라도 사람의 감정 상태에 따라 어감과 어투가 달라질 수 있다. 아이들과 대화를 할 때 감정에 앞서 시작하지 말고 항상 평화로운 상태를 유지하는 것이 무엇보다도 중요하다.

12
유도 질문은 되도록 피하자

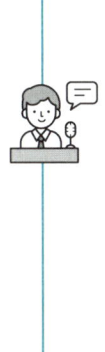

유도 질문이란 '이미 마음속으로 답을 정해놓고 하는 질문'을 말한다. 우리는 생활 속에서 자신도 모르게 유도 질문을 하는 경우가 종종 있다. 아마 자기가 생각한 대로 상대방의 생각을 이끌기 위해서일 것이다. 이런 유도 질문을 받게 되면 괜히 기분이 나쁘다. 유도 질문을 받은 사람은 자기 생각과 다르게 상대방의 생각에 끌려다니는 것 같고 속는 기분이 들기 때문이다.

아이들과 대화코칭을 하면서 가끔 유도 질문을 사용해본다. 아이들은 처음에는 잘 느끼지 못하다가 어느 정도 시간이 지나면 유도 질문임을 알고 입을 다물고 대화에 참여하는 것을 꺼리게 된다. 이런 경우는 많은 분들이 겪어 보았을 것이다.

성인들과 대화코칭을 할 경우 유도 질문을 거의 하지 않는다. 유도 질문이 필요 없기 때문이다. 대학생만 되도 자기 인생의 철학이나 가치관이 어느 정도 정해져 있고 자신이 무엇을 해야 할 것인지에 대한 생각도 충분히 하고 있다. 또한 중·고등학생과 달리 대학생만 되면 충분한 자기 이해와 사회에 대한 정보, 전문지식을 겸비하고 있기 때문에 소소한 정보나 지식을 제공하기 위해 굳이 유도 질문을 할 필요가 없다. 물론 충분히 준비되어 있지 않은 사람도 있지만 말이다.

아이들과 대화코칭에서는 어쩔 수 없이 유도 질문을 할 때가 있다. 아이들에게 알아야 할 지식과 정보를 제공하거나 원리를 이해시키기 위해 사용한다. 다만 절대로 남용하지는 않는다.

아이들에게 유도 질문을 할 경우에는 정보나 지식 등을 제공하는 것임을 인식시켜주고 난 후에 하는 것이 좋다. 지속적으로 유도 질문을 하게 되면 아이들은 이것을 알아차리고 대화에 임하는 자세가 수동적으로 변하기 때문이다. 그동안 아이와 쌓아온 신뢰관계가 수포로 돌아갈 수도 있다. 가끔씩 지식과 정보를 전달하기 위해 사용하는 유도 질문도 아이들은 부담스러워한다. 어쩔 수 없는 경우가 아니라면 아이들에게 되도록 유도 질문은 피하는 것이 좋다.

아이들에게 지식과 정보를 전달하고 원리를 이해시키기 위해 사용하는 방법이 하나 더 있다. 필자가 사용해 보니 유도 질문보다는 효과적인 것 같아 여기에 소개하고자 한다.

우선 아이에게 내 생각을 이야기해도 되는지 허락을 구하는 것이 중요하다. 아이에게 허락을 구함으로써 이야기를 들을 마음의 준비를 시킨다. 그리고 아이가 이야기해보라고 허락하면 그때 필자의 생각을 이야기한다. 때로는 필자의 생각을 이야기할 때 한 가지 방법보다는 여러 가지 방법에 관해서 이야기해 주면서 아이가 선택권을 가질 수 있도록 한다.

그리고 마지막에 반드시 하는 질문이 있다. "네 생각은 어떠니?"라고 말이다. 이렇게 하면 아이는 필자의 이야기를 토대로 자신이 생각해 보지 못한 부분에 대해 이해하고 자기 생각을 정리하게 된다.

아이들과의 대화에서는 가끔 유도 질문도 필요하다. 그렇지만 남용해서는 안 된다. 유도 질문의 남용은 오히려 아이와의 신뢰관계의 고리를 끊을 기회를 만들 수 있으므로 조심하여 다루어야 한다. 유도 질문을 하지 않는 것이 가장 좋지만, 꼭 해야 할 필요가 생길 경우에는 깊이 있게 생각해 봐야 할 것이다.

13
때로는 침묵(沈默)을

아이들이 자신의 이야기를 많이 하게 될 때 대화코칭은 특별한 어려움 없이 잘 진행된다. 반면 아이들이 자신의 이야기를 하지 않는 경우, 코치는 자꾸 무엇인가를 이야기해주어야 한다는 의무감이 생긴다. 계속해서 조언이나 충고를 해야 한다는 생각 때문이다.

때로는 아이들에게 무엇인가를 가르치고 조언하기보다는 아이들이 생각할 시간을 가지도록 기다려 주는 것도 좋은 방법이다. 코치의 입장에서는 무엇인가 질문을 한 뒤 아이가 대답할 때까지 기다린다는 것은 힘든 일이다. 아이가 대답을 빨리해야 다음 내용을 질문해서 대화코칭을 진행할 수 있기 때문이다. 그래서 아이의 대답을 기다리지 못하고 다그치듯 다음 질문을 쏟아내는 경우가 생긴다. 절대로 해서는 안 되는 방법이다.

코치가 질문을 하면, 아이는 질문에 대해 숙고하고 내면의 깊은 탐색과 통찰의 순간을 여유롭게 탐험할 수 있도록 충분한 시간이 필요하다. 코치는 조급함을 버리고 기다리는 습관을 길러야 한다. 대화코칭을 할 때 이 침묵의 시간이 어렵고 힘들다. 그렇지만 침묵을 통해 기다려 주는 시간이 아이들이 성장할 수 있는 시간이다.

예전에 아이와 코칭을 하면서 기다리는 시간이 너무 길어 아주 힘들었던 기억이 있다. 이 아이는 평소에도 자기 생각을 잘 표현하지 않을뿐더러 말을 아주 아끼는 아이였다. 코칭을 위한 첫 세션부터 아이가 이야기하지 않아서 아주 많은 고민을 하게 되었다. '어떻게 아이가 자신의 이야기를 끄집어낼 수 있도록 도와줄 수 있을까?', '말을 하지 않는 아이에게 내가 할 수 있는 것은 무엇일까?'라고 끊임없이 생각하며 많은 고민을 했다.

결론은 '기다리자'였다. 아이가 자신의 이야기를 할 때까지 기다려보자. 인내심을 가지고 아이가 이야기할 때까지 기다리자. 마음속으로 다짐하면서 코칭에 임했다. 이 아이는 한 가지 질문을 받으면 그 순간부터 생각에 잠긴다. 그리고 혼자서 눈동자를 이리저리 굴리며 생각에 생각을 거듭하였다. 가끔 나와 눈이라도 마주치면 씩 웃어주고 다시 생각에 잠겼다. 이렇게 몇 번을 반복하고 나서 질문에 대한 자기 생각을 이야기한다. 그러면 새로운 질문을 하고 또 반복되는 코칭을 8회기까지 했다.

이 학생과의 50분간의 코칭세션에서 한 가지 질문에 대한 대답을 30분 이상을 기다린 적도 있다. 무려 30분 동안 아이와 아무 말도 하지 않고 있었다. 필자는 이 시간 동안 무엇을 했을 것 같은가? 아이의 변화를 감지하기 위해서 말 없는 침묵의 시간 동안에도 아이와 눈을 맞추고 무언의 대화를 하고 있어야 했다.

이 아이와 대화코칭을 마치는 마지막 세션 시간에 아이에게 그동안 코칭을 하면서 느낀 점을 이야기해 보라고 했다. 어떤 내용인지 상상이 되는가? 아이는 다음과 같은 소감을 이야기했다.

- 자투리 시간을 소중하게 생각한다.
- 목표의식이 좀 더 강해졌다.
- 학교생활이 밝아졌다.
- 나를 더 많이 믿는다.
- 자신감이 생겼다.
- 긍정적으로 생각한다.
- 한 가지만 생각하니 여유도 좀 생겼다.
- 성적이 올랐다.
- 친구 관계도 좋아졌다.
- 친구들이 나를 보고 멋있다 한다!
- 어머니와 이야기를 많이 나누게 된다.

아이가 대화 중에 침묵하는 것은 사고의 확장이 일어나거나 내면 감정상태의 변화가 일어나는 경우가 많다. 이럴 경우 아이에게 새로운 질문을 하게 되면 아이는 자신의 상태에 대해서 충분히 생각할 수 있는 시간을 가질 수 없게 되고 아이는 발전할 수 있는 기회를 잃어버리게 된다.

생각에 잠기게 되면 아이가 먼저 이야기할 때까지 기다리자. 만약에 시간이 없거나 기다리기 힘든 상황이라면 최소한 3초 이상 기다리는 연습을 하자. 마음속으로 '하나, 둘, 셋' 이렇게 되뇌는 동안 아이는 또 다른 이야기를 할지도 모른다. 마지막으로 아이가 생각을 마치고 되돌아왔을 때 "지금 어떤 생각을 했니?"라고 한마디 물어본다면 금상첨화다. 아이의 생각을 확실하게 정리할 수 있는 계기를 만들어 주기 때문이다.

대답을 듣기 위해 재촉하기보다는 아이가 자기 생각을 정리할 동안 침묵으로 기다려 주는 것이 코치의 입장에서는 힘들지라도 아주 중요하다. 가끔은 대화코칭에서 코치의 침묵이 최고의 대답이 될 수 있기 때문이다. 인내의 한계를 드러내며 왜 말을 하지 않느냐고 혼내려 하지 말고 아이가 충분히 생각할 때까지 기다려주는 미덕을 길러보자.

14
꿈이 없는 아이는?

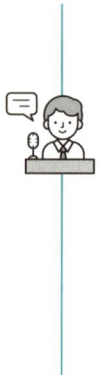

"선생님, 저는 꿈이 없어요."
"저는 꿈같은 것 생각해 본 적이 없어요."
"성적이 안좋은데 꿈을 가져봤자 뭐하겠어요!"

위 내용은 필자가 아이들과 코칭하는 과정에서 자주 듣는 이야기다. 필자가 코칭을 선택해서 아이들과 대화를 나누고 있는 이유 중의 하나이기도 하다.

우리는 꿈에 대해 생각해 보아야 한다. 꿈이 없는 사람보다는 어릴 때부터 확고한 꿈을 가지고 살아가는 사람이 성공할 확률이 높다는 연구결과도 있다. 하지만 이 세상에 살아가고 있는 사람들 중 자신의 꿈을 가지고 사는 사람은 얼마나 될까? 그것도 10대에 자신의 꿈을 확정지어 그 꿈을 향해서 나아갈 수 있는 사람은 몇 명이나 될까?

우리는 아이들에게 어릴 때부터 꿈을 가지도록 강요하는 경향이 있다. 꿈을 가지지 않는 아이들은 실패한 삶으로 살아가는 것처럼 이야기하는 경우도 있다. 그래서 반드시 꿈을 가져야 한다고 아이들에게 말해준다.

처음부터 다시 생각해 보자. 성인들 중에 자신의 꿈을 가지고 살아가는 사람은 몇 %나 될까? 그리고 10대, 20대, 70대…. 각각의 세대별로 따져본다면 꿈을 가지고 살아가는 사람은 얼마나 될까?

아이들이 잘되기를 바라는 꿈이 아닌 자기 자신을 위한 꿈을 가진 부모는 과연 얼마나 될까? 그러면서 아이들에게 꿈을 가지라고 한다. 과연 이 논리가 맞는 말일까? 그리고 마지막으로 부모, 학교, 사회에서 아이들에게 꿈을 가지도록 생각해 볼 시간적 여유를 주었는지 살펴봐야 한다. 온종일 공부만 하는 아이들이 언제 꿈에 대해서 깊이 있게 생각해 볼 여유가 있겠는가?

꿈이 명확한 사람은 성공할 확률이 높고 삶의 질이 풍부해진다. 꿈을 가져야 한다고 많은 사람들이 이야기한다. 그런데 우리는 막연히 꿈을 가지라고 말만 할뿐이다. 아이들이 자신을 이해하고 재능으로 실력을 길러가면서 스스로 꿈을 찾을 수 있도록 도와주었는지 되돌아볼 필요가 있다.

꿈이 없다고 질책만 할 것이 아니라 아이들에게 생각의 폭을 넓히고 확장할 수 있도록 도와야 한다. 우리는 대부분 아이들에게 꿈을 가지라고 강요만 하였지 어떻게 꿈을 가질 것인지에 대한 방법을 알려 준 적이 별로 없는 것 같다.

아이들에게 꿈이 없다고만 하지 말고 아이들이 꿈을 찾도록 도와주자. 아이들과 대화를 통하여 현재 잘하는 것이 무엇인지, 좋아하는 것이 무엇인지를 알아차리도록 해주자. 좋아하는 것 보다 잘하는 것에 대해 중심을 두어 대화를 진행해 보자. 좋아하는 것이 잘하는 것으로 변하기는 어려워도 잘하는 것이 좋아하는 것으로 변하기는 쉽기 때문이다.

15
성적에 집착하지 말자

 어느 조사에 따르면 '과거 어린이였을 때 가장 듣기 싫었던 말'의 1위는 '공부해라'(51%)라고 한다. 그런데 '중·고등학교 시절로 돌아간다면 무엇이 가장 하고 싶은가?'라는 질문에 대한 1위로는 '공부하고 싶다!'(69%)라고 응답했다고 한다.
 그렇게 하기 싫고 지겹던 공부가 중·고등학교 시절로 되돌아갔을 때 가장 하고 싶은 것이 되었을까? 아마 어린 시절 학습에 대한 즐거운 욕구가 좌절되었기 때문이 아닐까 추측해 본다. 공부가 즐거움의 욕구를 충족시켜 주는 하나의 방법이 되어야 하는데 오히려 고통스럽게 느껴졌기 때문일지도 모른다.
 2002년 노벨경제학상을 받은 카네만(Daniel Kahneman)은 평생 연구에 몰

두한 이유를 다음과 같이 이야기했다.

"Everything was interesting(흥미로운), almost everything was funny(재미있는), and there was the recurrent joy(즐거움)…."

우리는 흥미롭고 즐거워야 할 공부가 왜 그토록 싫어하는 일로 바뀌었을까? 그것은 성적을 높여야 한다는 성과 중심의 풍토에서부터 시작됐기 때문일 것이다. 자신의 지식을 넓혀가는 즐거움, 무엇인가 새로운 것을 알아가는 즐거움을 느끼기도 전에 성적향상이라는 무거운 짐을 지게 되면서 공부의 즐거움이 사라져 버린 것이다. 그렇다면 아이들에게 성적향상의 짐을 누가 지우고 있는 것일까? 아이들 스스로 짐을 지고 있지 않은 것은 분명해 보인다.

만약에 "선생님, 죽고 싶어요!", "학교에 나오기 싫어요!"라고 이야기하는 아이에게 어떻게 코칭을 해야 할까? 공부에 관해서 이야기하기도 전에 부모님께 또는 선생님께 죽고 싶다고 하소연하는 아이에게 공부를 해서 성적을 올리라고 한다고 해서 열심히 할까? 아니면 학교생활에 적응하지 못하고 학교에서 친구도 없는 아이에게 공부를 열심히 해서 좋은 대학교에 가야 한다고 설득을 하거나 조언을 한다고 해서 아이가 공부를 열심히 할까?

필자는 이 두 가지 경우를 모두 경험하였다. 아이에게 대학입시를 앞두고 있기 때문에 모든 것을 제쳐놓고 공부를 하는 것이 먼저라고 아무리 이야기해본들 아이들의 귀에는 전혀 들리지 않는다. 오히려 서로와의 관계만 나빠져서 대화할 수 있는 기회마저 잃어버릴지도 모른다.

이런 경우에는 오랜 시간 동안 공을 들여 아이들의 이야기를 들어주고 공감해 주어야 한다. 아이들이 자신의 상태에 대한 이해도가 높아지면 저절로 공부할 수 있는 자세가 만들어진다. 그 순간부터 "선생님, 이제부터 공부하고 싶은데 어떻게 하면 좋아요?"라는 질문이 나오게 되는 것이다.

우리는 아이들에게 성적향상에 대한 짐을 조금 줄이고 아이들이 즐겁게 공부할 수 있게 도와줄 필요가 있다. 아이들과 대화코칭을 하면서 항상 느끼는 것 중에 하나가 성적향상을 위해 초점을 두고 대화를 나누는 경우는 그 효과가 잠시뿐이라는 것이다. 공부 방법, 태도, 습관에 초점을 맞추어 아이들과 대화를 나누게 되면 간혹 성공하는 아이들도 있지만 대체로 코칭을 마치고 나서 대다수는 원상태로 되돌아간다. 그것을 분석해 본 결과 공부하는 기술만 가르쳐서는 어렵다는 것이다.

아이들에게 성적을 향상시키는 방법보다는 먼저 아이들의 마음과 생각을 바꿀 수 있도록 해야 한다. 자신이 하고 싶은 것이 무엇인지, 좋아하는 것이 어떤 것인지, 왜 공부를 해야 하는지를 이해하게 한 다음에 아이들에게 학습방법과 학습습관을 기를 수 있도록 해주면 효과가 더 좋다는 것을 경험적으로 알게 되었다.

16
과거의 성공 경험을 일깨우자

"선생님, 지금부터 공부해도 될까요?"

만약에 중학생이 이 말을 했을 때 어떤 느낌이 들 것 같은가? 그렇다면 고등학교 1학년은? 아니면 고등학교 2학년 또는 3학년은 그리고 재수생이 이 말을 했을 때는 뭐라고 대답을 해 줄 수 있을까?

이러한 질문에는 무조건 할 수 있다고 대답한다. 아이들이 이 말을 하는 시점에 간절함이 묻어 있기 때문이다. 이 간절함을 "할 수 없다!"라는 말로 그 희망을 꺾어 버리기에는 너무 매정하다. 간절함을 살려 끝까지 포기하지 않고 최선을 다해 노력하는 아이는 자신이 희망하는 진로 선택에서 성공하는 경우가 있기 때문이다.

어떤 아이는 "지금부터 공부해도 될까요? 어떤 분은 지금부터 하는 것은 늦었다고 하는데요!"라고 묻는다. 어떤 아이는 "선생님 독서를 하면 국어 성적이 오른다고 하는데 지금부터 책을 읽으면 국어성적이 오를까요? 그런데 어떤 분은 안된다고 해서요!"라고 애절한 눈빛으로 필자를 쳐다본다.

우리 사회에서는 "안된다!"라는 말을 왜 그렇게 쉽게 사용하는지 모르겠다. 설령 원하는 결과가 나오지 않더라도 노력한 만큼 아이들의 실력이 향상되었을 텐데 어떤 목표에 도달하지 못했다고 모든 것을 실패로 바라보는 시각이 참 무섭다. 누군가가 '성공의 반대말은 실패가 아니라 포기다'라고 말했다. 실낱같은 희망이라도 있으면 아이들에게 "안된다!"라고 말하기보다는 "최선을 다해 열심히 해봐!"라는 말로 꿈과 희망을 심어주는 것이 더 좋지 않을까?

아이들은 지푸라기라도 잡고 싶은 심정으로 필자를 찾아와서 코칭을 요청한다. 이럴 경우에 아이에게 "할 수 있다!"라는 희망을 심어주면서 아이의 이야기를 경청하기 시작한다. 대부분의 아이들은 이때까지 실패한 경험에 집중하면서 "저는 무엇을 해도 안돼요!" 또는 "아무것도 성공해 본 적이 없어요!"라고 말한다. 바로 좌절감과 함께 포기하고 싶어 하는 경향을 가진다.

이때 필자가 사용하는 방법이 있다. 과거에 성공한 경험을 끄집어내도록 도와주는 것이다. 대체로 다음과 같이 진행한다.

나 : 이전에 무엇이든지 좋으니까 그때 잘했던 내용을 이야기를 해봐!
아이 : 없는데요!
나 : 정말 없니? 아주 사소한 것이라도 좋으니까 한번 생각해봐.

(잠시 시간이 흐른 후)

아이 : 예전에 정말 신나게 OO을 한 적이 있어요.

나 : 그랬어? 언제?

아이 : 네 초등학교 때 누가 시키지 않아도 정말 OO을 열심히 한 적이 있어요.

나 : 그때는 왜 그렇게 OO을 열심히 했지?

아이 : 그때는요….

(이야기 진행)

나 : 그렇다면 지금 OO을 하는 것과 그때 OO을 한 것과 차이점이 뭐야? 그리고 그때의 마음가짐으로 지금 무엇인가를 한다면 어떻게 될까?

아이 : (이야기를 마치고) 아! 그때처럼 하면 되겠네요.

이처럼 아이와 이야기를 나누고 나면 아이는 이전에 성공한 경험에 대한 생각을 떠올리면서 그 당시의 느낌도 그대로 가지게 된다. 마음속에는 작은 불꽃이 만들어져 빨리 교실에 가서 뭔가를 해야겠다는 말도 덧붙인다.

아이들이 어려운 상황에 놓여있을 때 또는 뭔가를 하고 싶은 생각에 도움을 요청하게 되면 "안된다!"라는 말은 그만해야 한다. 과거에 아이가 행한 행동과 습관이 비록 잘못되었더라도 끊임없이 새로운 기회를 주는 것이 옳다. 비록 실패할지라도 말이다. 아이들이 자기 일에 실패하더라도 끊임없이 새롭게 도전을 한다는 것은 아직 포기하지 않았다는 뜻이기 때문에 실패했다고 볼 수도 없다.

10명의 사람에게는 10가지의 희망이 있고 지구 상의 70억의 사람들에게는 70억 개의 꿈과 희망이 있다고 볼 수 있다. 지금 당장 아이의 상태를 보고 아이의 미래를 단정짓지 말고 미래의 가능성과 희망을 찾을 수 있도록 도와주는 코치가 되어보자.

17
이성친구에 관한 문제

　　　　　　　　남자친구, 여자친구…. 사춘기에 접어든 아이들은 관심을 가질 수밖에 없는 이슈 중의 하나일 것이다. 성인이 된 이후에도 이성 문제만큼은 마음대로 되지 않은 일인데 아직 정신적으로 성숙하지 못한 청소년들이야 오죽할까?

　이 장에서는 고등학교 여학생을 중심으로 이야기하려고 한다. 필자가 이성 문제에 대해서는 고등학교 남학생이나 중학생을 대상으로 코칭을 해본 적이 없기 때문이다. 비록 고등학교 여학생을 대상으로 한 경험이지만 다른 아이들에게 적용해도 무방할듯 하다.

　이성 문제에 대한 코칭을 받기 위해 만나는 경우는 극히 드물다. 공부가 중심인 일반계 고등학교에서는 이성에 대한 관심이 부족한 것인지 아니면 이성 문제가 발생하지 않는 것인지 또는 이성 문제에 대해서 다른 사람에게 이야기하는 것을 꺼리기 때문인지는 잘 모르겠다.

아이들이 이성 문제에 대한 것은 아주 조심스럽게 이야기를 시작한다. 그러면 필자는 아이에게 반드시 약속하는 것이 있다. 비밀유지에 관한 것이다. 아이가 이야기하는 것은 어떤 내용이라도 모두에게 비밀로 하겠다고 아이에게 다짐한다. 그리고 지금까지 지켜왔다. 그래서 아이들은 필자와 만나면 학교와 아이들 사이에서 일어나는 온갖 이야기를 다 하게 된다.

비밀유지에 대한 인식을 심어주고 나면 아이는 조금씩 자신의 이성 문제에 대해 털어놓기 시작한다. 아이의 이야기를 들으면 꼭 외줄 타기 곡예를 하는 것 같은 아슬아슬한 느낌을 받을 때가 많다. 하지만 아무런 이유를 붙이지도 않고 모두 들어준다. 이야기를 들으면서 몇 가지 궁금한 점을 질문하고 아이는 그에 맞게 대답하는 식으로 이야기가 이어져 나간다.

아이와 충분한 대화를 진행하고 나서 이성 문제와 학업과의 관계에 대해 고민을 하면 다음과 같이 이야기를 나누게 된다. 그러면 아이들 대부분은 현재와 미래의 자신의 상황을 이해하고 지금 무엇을 해야 할 것인지 스스로 찾아내게 된다.

단, 다음에서 제시하는 이야기 패턴은 사전에 아이와 충분히 공감적인 대화를 나누었을 경우다. 여기서는 핵심만 전하다 보니 아주 간단하게 정리되어 있어 아주 쉽게 보일지 모르겠다. 하지만 이런 대화를 나누기 이전에 아이와 충분한 대화를 통하여 코치를 믿고 자신의 이야기를 거리낌 없이 할 수 있는 상태가 되어야 한다.

나 : 지금 네가 18살이지?

아이 : 네

나 : 만약에 네가 28살이라고 상상해 봐. 그리고 사회에 나가서 직장생활을 열심히 하고 있다고 상상해 봐. 어떻게 하고 있을 것 같니?

아이 : 대학을 졸업하고, 내가 원하는 직장에서 아주 열심히 살고 있을 것 같아요.

나 : 그렇다면 미래의 28살의 네가, 현재의 18살의 너에게 조언을 한다면 무엇이라고 이야기해주고 싶니?

(아이는 자신의 이야기를 함)

나 : 18살의 네가 28살의 너에게 좋은 조언을 들었다면 너는 어떤 감사의 말을 전하고 싶니?

(아이가 감사의 말을 표현)

나 : 그렇다면 지금 너에게 가장 중요한 것은 무엇이라고 생각하니?

아이 : 남자친구에게 가서 공부 열심히 해서 대학 가서 만나자고 할 거예요.

나 : 언제 그런 이야기를 할 거니?

아이 : 오늘 당장 만나서 이야기해야겠어요.

나 : 성공을 빈다. 파이팅!

이성 문제를 해결하기 위한 대화는 대부분 이와 같은 패턴으로 이루어진다. 이 대화에서 핵심적인 부분이 두 가지 있다.

첫 번째는 '만약 ~라면'이다. 현재 상황에 비추어 가정법을 사용하면 아이는 다양한 방향으로 자신을 조명할 수 있고 생각의 폭이 넓어지는 역할을 한다.

두 번째는 10년 후의 미래를 생각해 보도록 도와주는 것이다. 대부분의 아이들은 자신의 상황에서 전진도 후퇴도 없이 갇혀서 꼼짝도 못 하는 처지에 놓여 있다. 꼭 우물 속에 갇혀서 주변에 있는 것을 아무것도 볼 수 없는 것처럼 태도를 취하고 있다. 이러한 아이들에게 '만약'이라는 가정법과 10년 후의 자신의 상황을 조명하게 되면 현재 상황을 인식하게 되고 지금 가장 중요하고 필요한 것이 무엇인지 이해하게 된다. 그리고 당장 행동을 취해야 하는 것이 무엇인지도 알게 된다.

이성 문제로 찾아오는 아이들과의 대화에서 이와 같은 패턴을 사용하여 실패한 적이 없다. 대화코칭에서 제일 중요한 비밀유지를 약속하고, 공감, 경청, 질문을 통하여 자신의 상황을 조명할 수 있도록 도와주는 것만으로도 현재 가장 중요한 일과 필요한 것이 무엇인지 찾아간다. 절대로 이성을 사귀어야 한다든지 사귀면 안 된다든지 이야기한 적이 없다. 대화코칭을 통하여 자연스럽게 이루어지는 것이다.

18
학습 문제에서 휴대폰 문제로

　　　　　　　　TV가 보급되면서 아이들이 TV를 시청하는 시간이 점점 많아졌다. '바보상자'라는 이름까지 붙이면서 사회적인 문제로 인식된 적이 있었다. 장시간 TV 시청의 해로움에 대한 연구결과가 나오기도 했다. 현대사회 역시 다양한 전자기기(컴퓨터, 스마트폰 등)가 사회적 문제로 인식되어 많은 연구결과가 나오고 있다.

　분당 서울대병원에서 제공하는 자료를 보면 마약인 코카인 중독자와 인터넷 게임과다 사용자의 뇌를 양전자방출단층촬영(PET)으로 찍은 모습을 보면 충동조절 및 인지 기능에 결정적 역할을 하는 전두엽 부위가 비슷하게 높은 활동성을 보이는 것으로 나타난다고 한다. 즉, 뇌 보상중추 영역이 확장되고 감정·인지조절을 담당하는 전두엽과 전두대피질 연결부가 손상되어 점점 쾌락을 추구하게 된다는 것이다. 이 이외에도 전자기기 사용에 대한 다양한 연구결과가 나오고 있으며 그 폐해가 심각하다.

요즈음 아이들은 손에 들고 다니는 작은 컴퓨터가 있다. 바로 스마트폰이다. 어릴 때부터 스마트폰을 손에 쥐고 자란 아이들에게는 생활 일부가 된 것처럼 이용한다. 물론 정보를 검색하거나 독서를 하는 등 좋은 기능도 가지고 있다. 아이들이 사용하는 대부분은 채팅을 하거나 게임을 하는 것이 중심이기 때문에 문제가 되는 것이다.

그중에서도 문제가 되는 것은 학습과 관련된 것이다. 아이들이 스마트폰을 이용하여 게임을 하거나 채팅을 하면서 낭비되는 시간과 집중력이 떨어지는 문제는 결국 학교 성적과 직결하는 문제이기 때문이다. 스마트폰을 하는 시간이 많아지게 되면 학습을 하는 시간은 상대적으로 줄어든다. 학습하는 도중 메시지가 오면 집중력이 떨어지고 전체적인 학습능력 또한 떨어진다.

학습보다 더욱 심각한 문제는 아이들이 생각하지 않으려고 하는 점이다. 모든 것을 눈으로 보는 즉시 감각적으로 실행하다 보니 깊이 있는 생각을 할 필요가 없게 되었다. 스마트폰과 많은 시간을 보내다 보니 자신에 대해서 생각할 시간도 없다. 자신이 무엇을 좋아하고, 하고 싶은 것이 무엇인지, 어떤 삶을 살아갈 것인지에 대한 생각을 할 여유도 없어져 버린 것이다.

스마트폰의 원조인 아이팟을 개발한 스티브 잡스는 아이들이 집에서 전자기기를 사용하는 것을 극히 제한했다. 전자기기의 사용보다는 독서를 권장하였다는 기사도 볼 수 있다.

기자 : 자녀들이 아이패드를 무척 좋아하겠다.

잡스 : 아니요. 아직 써보지도 못한 걸요. 집에서 아이들의 컴퓨터 사용을 엄격히 제한하고 있으니까요.

— NYT 보도

매일 저녁 식사 시간에 잡스는 부엌의 긴 테이블에 자녀들과 둘러앉아 책과 역사, 그리고 다양한 문제들을 토론하는 것을 원칙으로 삼았다. 잡스의 자녀들은 IT기기에 전혀 중독되지 않았다.

— 스티브 잡스의 공식 전기 저자의 말

전자기기의 개발자는 자녀 교육에 스마트폰의 사용을 최대한 자제시켰다. 그런데 우리는 아이들과 놀아주거나 대화를 하기보다는 아이들 손에 스마트폰을 쥐어 주고 놀게 한다. 이것이 습관이 되어 성장하면서 더욱 익숙해지는 것이다.

아이들의 학습을 위해서는 전자기기, 특히 스마트폰의 사용을 절제시켜야 한다. 아이들과 대화코칭을 하면서 학습과 관련하여 많은 문제점을 나누는 것 중에 하나가 바로 스마트폰이다. 아이들도 스마트폰의 문제점을 인식하고 있으면서도 스스로 어떻게 하지 못하고 있다. 그래서 아이들을 도와주어야 한다.

꾸중이나 잔소리를 한다고 해서 아이가 스스로 통제하고 절제할 수 있는 것은 아니다. 아이와의 충분한 대화를 통해 혼자서도 절제할 수 있도록 도와주는 것이 중요하다.

나 : 오늘 무슨 이야기를 하고 싶어서 왔니?

아이 : 선생님, 성적을 올리고 싶은데 아무리 공부해도 성적이 올라가지 않아요.

나 : 그래? 지금 공부를 어떻게 하고 있는지 이야기해 봐.

아이 : (자신이 공부하는 방법에 대해 설명하면서 시간이 부족하다고 함)

나 : 그렇구나! 공부하는 시간이 부족한 거네?

아이 : 네, 공부하는 시간이 많이 부족해요!

나 : 공부하는 시간이 부족한 이유가 뭘까?

아이 : (한참 생각 후) 스마트폰을 많이 사용하는 것 같아요.

나 : 스마트폰을 사용하는 시간이 많다 보니 공부하는 시간이 부족하다는 거니?

아이 : 네!

나 : 그렇다면 어떻게 하면 되겠니?

아이 : 스마트폰 사용을 줄이고 공부하는 시간을 많이 늘려야겠어요.

나 : 어떻게 하면 스마트폰 사용시간을 줄일 수 있겠니?

아이 : 스마트폰을 없애거니 폴더폰으로 바꾸면 될 것 같아요.

나 : 그렇다면 너는 무엇을 선택하고 싶은데?

아이 : 친구들과 연락도 해야 하고 학교나 학원에서 문자도 오니까 없애기는 어렵고 폴더폰으로 바꾸는 것이 좋겠어요.

나 : 좋은 생각이네. 그럼 언제 바꿀 건데?

아이 : 이번 주말에요.

나 : 네가 그것을 행동으로 옮길 수 있는 쪽에 10점을 주고, 행동으로 옮길 수 없다는 쪽에 0점을 준다면 너는 몇 점을 줄 수 있니?

아이 : 음~ 8점이요.

나 : 만약에 네가 10점이 되게 하려면 어떻게 하면 좋겠니?

아이 : 엄마에게 도움을 요청하면 되겠어요.

나 : 좋아! 다음 주에 좋은 소식 기다릴게. 파이팅!

성적을 올리고 싶다고 찾아오는 아이들의 대부분이 스마트폰에 대해 이야기를 한다. 그러면 대체로 위와 같은 대화를 통해서 아이들과 문제 해결점을 찾아간다. 위의 내용에는 폴더폰, 일명 2G폰으로 변경하는 것으로 타협점을 찾았지만 어떤 아이들은 스마트폰 계약을 해지하는 방향으로 이야기가 전개되기도 한다. 실제로 그렇게 했다고 자랑하는 아이들도 제법 있다.

아이들은 자신의 문제점을 정확히 인식하고 있는 경우가 많다. 그런데 자신의 의지로 그 문제를 통제하거나 절제하기 어렵다고 하소연하는 경우도 많다. 스마트폰 문제뿐만 아니라 학습에 대한 내용도 본인이 가장 고민을 많이 하고 걱정하는 주제 중 하나다. 아이들에게 스마트폰을 많이 한다거나 공부를 하지 않는다고 혼내기보다는 아이들의 고민을 들어주고 스스로 해결해 나갈 수 있도록 도움을 주는 것이 필요하다.

19
과거·현재·미래

대화코칭을 하면 크게 두 가지 유형으로 나뉜다. 지나온 과거에 집착하거나 끊임없이 다가오지도 않은 미래에 대한 불안감을 이야기한다. 과거에 대한 이야기로는 실패한 경험에서 오는 좌절감, 그래서 '지금 잘할 수 있을까?'라는 의구심 속에 자존감이 낮아져서 아무것도 못 하는 유형이다. 미래에 대해 이야기를 하는 아이들은 가깝게는 시험에 대한 불안감과 입시와 진학에 대한 불안감, 멀리는 직장생활과 인생에 대한 불안감까지 내포하고 있다.

이러한 아이들은 자신감이 부족한 경향이 많다. 자신이 무엇을 어떻게 해야 할지 몰라서 우왕좌왕하다 보면 시간이 지나고 결국 똑같은 고민을 반복하게 된다. 이런 아이들에게 사용하는 방법이 있다. 바로 과거·현재·미래를 조명하게 도와주는 것이다. 그중에서도 현재의 중요성을 이해하고 현재에 집중하는 생활을 할 수 있도록 도와준다. 현재를 선물(present)이라고 하였기 때문이다.

나: 과거, 현재, 미래 중에 너에게 가장 중요한 시점이 어디니?

아이: 현재요?

나: 현재가 너에게 가장 중요한 이유가 뭐니?

아이: 과거는 이미 지나간 일이고, 미래는 아직 오지 않은 것이니까 현재 살고 있는 지금 가장 중요한 것 같아요.

나: 그렇다면 과거가 덜 중요한 이유는 뭐니?

아이: 과거는 이미 지나간 일이기 때문에 바꿀 수가 없잖아요. 그래서 과거의 실수나 실패에서 배울 수는 있지만 현재보다 중요하지 않아요.

나: 그렇다면 미래는?

아이: 미래는 아직 다가오지 않은 일이니까…. 걱정한다고 바뀌는 것은 아니네요? 아~ 진짜로 지금이 제일 중요하네요. 과거는 바꿀 수 없지만 지금 열심히 하면 미래는 바꿀 수 있겠네요.

나: 멋진 생각을 해냈구나! 현재의 생활이 곧 미래를 바꾸는 것이네. 축하한다. 그렇다면 현재의 생활을 어떻게 하면 좋겠니?

아이: 제가 할 수 있는 일을 최선을 다해서 하는 거요.

이와 같은 패턴의 대화는 아이들을 현재에 집중할 수 있도록 도와준다.

가끔 과거와 현재 그리고 미래에 대한 인식을 전혀 생각해 본 적이 없는 아이들이 있으면 필자가 살짝 정보를 제공하기도 한다. 그렇게 해서 현재의 중요성을 인식하도록 하고 과거의 실패나 좌절감 또는 미래의 불안감에서 탈출할 수 있도록 도와준다.

물론 이런 대화를 한번 한다고 해서 아이가 모든 문제점에서 벗어나는 것은 아니다. 아이와 만나 대화를 하는 도중에 실패감이나 불안감을 이야기하면 "과거, 현재, 미래 중에 어느 것이 가장 중요하니?" 또는 "너는 지금 과거, 현재, 미래 중에서 어느 시점에서 생각하고 있니?"라고 질문을 한다. 아이들은 현재의 자기로 되돌아오려고 노력하는 모습을 볼 수 있다.

대화를 나누다 보면 아이들은 한순간에 모든 상황이 바뀌어 공부도 잘하고, 친구 관계도 좋아지고, 학교생활도 잘할 수 있기를 바라는 것 같다. 하지만 과거가 있기에 현재가 있고 현재가 있기에 미래가 있다. 아이들이 이 점을 반드시 인식할 수 있게 도와주어야 한다.

과거는 이미 지나간 일, 과거를 바꿀 수 없지만 통찰은 얻을 수 있다. 또 현재 나의 생활과 삶의 방식이 곧 미래의 나를 변하게 할 수 있다. 항상 현재가 곧 미래임을 인식하고 현재, 이 순간에 집중할 수 있도록 해주자.

20
자존감이 중요한 이유

자아존중감(自我尊重感, self—esteem)이란 '자신이 사랑할 만한 가치가 있는 소중한 존재이고, 어떤 성과를 이루어낼 만한 유능한 사람이라고 믿는 마음'이라고 위키백과에 설명되어 있다. 자아존중감이라는 용어는 미국의 의사이자 철학자인 윌리엄 제임스가 1890년대에 처음 사용하였으며, 간단하게 자존감(自尊感)이라고 말하기도 한다. 우리는 일상생활 속에서 '자존감이 높다'라는 표현보다 '자존심이 세다'라는 표현을 더 자주 사용한다. 그렇다면 자존감과 자존심의 공통점과 차이점은 무엇일까?

 자존감과 자존심은 둘 다 자신에 대해 긍정적인 의미를 가지고 있지만 '감'과 '심'자로 인해서 그 내용이 조금 달라진다. 중심을 타인에 두느냐 아니면 자기 자신에게 두느냐에 따라 그 의미가 달라지는 것이다.

'자존심'은 다른 사람이 나를 존중해 주기를 바라는 마음이다. 자신에게 중심이 있는 것이 아니라 다른 사람에게 중심이 있다. 그래서 다른 사람의 행동과 태도에 따라 나의 마음 상태가 달라지게 되는 것을 의미한다.

'자존감'은 자신에게 중심을 두어 스스로 자신을 인정하고 소중하게 여기는 마음을 말한다. 즉, 다른 사람을 중심에 두는 것이 아니라 자신의 내면에 중심을 둠으로써 외부 환경의 변화에 흔들림이 없는 태도를 말한다.

$$자존감 = \frac{성공(Success)}{욕심(Need)}$$

윌리엄 제임스는 자존감을 다음과 같은 공식으로 표현했다. 아이들의 자존감을 높이기 위해서는 부모의 욕심을 줄이고 아이의 성공 경험을 많이 만들어 주라는 것이다. 다른 말로 표현하면 부모가 아이에게 기대하는 마음을 줄이고, 작은 일이라도 잘한 일은 칭찬하라는 것이다. 자존감을 높이기 위해 가장 중요한 것은 바로 칭찬이기 때문이다.

자존감이 낮은 아이들에게서 학습에 대한 문제, 친구 관계, 학교생활 등 다양한 부분에서 문제점을 발견할 수 있다. 이럴 경우 필자는 아이가 과거의 긍정적인 내용을 끄집어내어 자신감을 느껴보도록 도와준다. 다음은 아이들과의 대화 내용을 간단하게 정리하여 보았다.

나 : 네가 예전에 자신 있게 행동하거나 생활했던 적이 있니?

아이 : 네! 초등학교 4학년 때…….

나 : 그때 이야기를 해봐.

아이 : (자신감 있게 생활했던 내용을 이야기함)

나 : 초등학교 4학년 때는 무슨 일이든지 자신 있게 했구나! 그렇다면 그때와 지금의 다른 점은 무엇이니?

아이 : (차이점을 생각해 보고 설명한다.)

나 : 그렇구나! 그러면 그때와 같이 생활한다면 너는 어떨 것 같니?

아이 : (잠시 생각한 후) 자신 있게 생활할 것 같아요.

나 : 그렇다면 너에게 어떤 변화가 생길 것 같은데?

아이 : 지금보다는 더 자신 있고 긍정적으로요.

나 : 와! 멋지다. 네 안에 있는 멋진 너를 발견하게 된 것 같은데 지금 기분이 어떠니?

아이 : 무엇이든지 할 수 있을 것 같아요.

나 : 멋지다. 앞으로 그 마음 잊지 말고 생활하기 바란다. 파이팅!

여기서도 과거의 성공 경험을 끄집어내었다. 그리고 그렇게 한 것에 대해서 칭찬을 하였다. 아이는 자신이 성공했던 일에 대해 새롭게 바라보고 조명함으로써 자신을 올바르게 바라보는 힘이 생기게 되고 생활에 대한 활력을 가진다.

부록

〈깨진 유리창의 법칙(Broken Window Theory)〉

1969년 스탠퍼드 대학의 모의 감옥실험으로 유명한 심리학자 필립 짐 바도르(Philip George Ziimbardo)는 한 가지 흥미로운 실험을 했다. 우선 치안이 비교적 허술한 골목을 고르고, 거기에 보존 상태가 동일한 두 대의 자동차를 보닛을 열어놓은 채로 일주일간 방치해 두었다. 다만 그중 한 대는 보닛만 열어놓고, 다른 한 대는 고의로 창문을 조금 깬 상태로 놓았다. 약간의 차이만이 있었을 뿐인데 일주일 후 두 자동차에는 확연한 차이가 나타났다.

보닛만 열어둔 자동차는 일주일간 특별히 그 어떤 변화도 일어나지 않았다. 하지만 보닛을 열어놓고 차의 유리창을 깬 상태로 놓아둔 자동차는 그 상태로 방치된 지 겨우 10분 만에 배터리가 없어지고 연이어 타이어도 전부 없어졌다.

그 뒤 계속해서 낙서나 투기, 파괴가 일어났고 일주일 후에는 완전히 고철 상태가 될 정도로 파손되고 말았다. 단지 유리창을 조금 깨뜨려 놓은 것뿐인데도, 그것이 없던 상태와 비교해서 도둑맞거나 파괴될 가능성이 매우 커진 것이다. 게다가 투기나 약탈, 파괴 활동은 단기간에 급격히 상승하게 된다는 것을 알 수 있었다.

1980년 뉴욕은 60만 건 이상의 중범죄에 시달리고 있었다. 그중 90%는 지하철에서 일어나는 사건이었다. 당시 뉴욕 교통국의 고문이었던 조지 켈링(George Kelling)은 지하철 중범죄를 줄이려는 방안으로 사소한 제안을 하였다. 그것은 '지하철 무임승차 단속'과 '지하철 역내 낙서 지우기'였다. 뉴욕 교통국 데이비드 건(David Gunn) 국장은 1984년부터 1990년까지 약 5년 동안 낙서가 있는 열차의 운행을 중단하고 직원들을 동원하여 6,000대에 달하는 차량의 낙서를 지웠다. 또한 무임승차를 하는 사람을 본보기로 체포하였다.

그 결과 2,200여 건에 달하던 살인범죄가 1,000건으로 감소했고 지하철 범죄율이 75%나 감소했다.

필자가 이런 이야기를 하는 이유가 있다. 유명한 심리학 이론을 가르치려 하는 것도 아니고 경찰국장이 되어서 사회를 변화시켜 보라고 권유하는 것도 아니다. 여기서 아이들 교육에 대해 배워야 할 점이 있기 때문이다. 이 내용을 종합해 보면 간단하다. '아주 사소한 일이라도 내버려두면 큰일로 바뀐다'라는 것이다. 이렇게 사소한 일이 학습능력과 학교생활에 어떤 영향을 미칠까?

우리 부모들이 아이들의 사소한 행동과 태도를 방치한다면 아이들의 학업뿐만 아니라 학교생활 심지어는 교우관계, 가정생활에도 많은 영향을 미칠 수 있다.

예를 들어 아이들이 방학을 하면 제일 선호하는 것이 헤어스타일을 바꾸는 것이다. 그중에서 염색을 하는 경우가 많다. 물론 개학을 하면 검은색으로 다시 염색해서 학교에 간다. 아이들의 이런 작은 행동 하나하나를 묵인하고 허락하다 보면 나중에는 아이들의 행동을 통제하거나 관리하기 어려운 상황에 부딪힐 수 있다.

물론 아이들이 어릴 때부터 관심 많고 호기심이 많아 다양한 경험을 해보는 것도 중요하다. 다만 부모가 바라는 아이, 즉 학교생활을 성실하게 하는 아이를 원한다면 염색, 파마, 귀걸이, 목걸이, 반지, 튀는 가방, 운동화, 서클렌즈, 언어습관 생활습관 등과 같은 아주 사소한 일이라도 인내하고 절제할 수 있도록 도와주는 것이 중요하다. 인내력과 절제력 또한 살아가는 데 필요한 덕목 중 하나이기 때문이다.

제 4장
코칭모델의 이해

01
스스로 독립할 수 있는 힘을 길러주자

전해 들은 이야기가 있다. 대기업의 신입사원이 한 달 정도 회사생활을 하다가 힘들다고 사표를 제출했다. 그런데 그 사표를 제출하러 간 사람이 엄마라고 한다. 입사시험을 친 후 점수를 확인하기 위해 전화하는 엄마, 대학생인 자식이 감기에 걸렸다고 대신 수업을 들으러 가는 엄마, 원하는 학점이 나오지 않았다고 교수님께 찾아가서 항의하는 엄마, 회사에 입사한 신입사원이 업무를 받아 처리하는 과정에서 선배나 직장 상사에게 물어보기보다는 엄마에게 전화로 물어보았다는 웃지 못할 일이 일어난다고 한다. 그래서 '헬리콥터맘'이라는 용어까지 생겼나 보다. 이렇게 자란 아이들이 과연 스스로 무엇인가를 할 수 있을까?

2013년 대한상공회의소의 국내 매출액 상위 100대 기업을 대상으로 인재상을 분석하였다. 그 결과 1위 도전정신(88개사), 2위 주인의식(78개사), 3위 전문성(77개사), 4위 창의성(73개사), 5위 도덕성(65개사)이었다.

현재 우리 사회에서 요구하는 인재상으로 시사하는 바가 크다고 할 수 있다. 그런데 어떤 것을 보아도 엄마가 대신해 줄 수 있는 것이 없다. 본인이 직접 하지 않고는 해결할 수 없는 부분이다. 도전정신, 주인 정신, 전문성, 창의성, 도덕성을 누군가가 대신해서 실천할 수 있을까?

'Fast Follower(추격자)'와 'First Mover(선도자)'라는 용어가 있다. Fast Follower는 1위인 기업이 새로운 분야를 개척해 놓으면 이것을 벤치마킹해서 더욱 개선된 제품을 싼 가격에 내놓는 것을 말한다. 즉, 항상 1위를 따라가기만 하다 보니 자신은 2등에만 머물러 있다는 말이다. First Mover는 새로운 제품이나 기술로 산업의 변화를 주도하고 새로운 분야를 개척하는 창의적인 선도자를 말한다.

Fast Follower는 1970년대 일본기업과 1990년대 우리나라 기업들이 주로 이 전략을 사용하였다. 하지만 21세기에는 First Mover가 주목받는 시대다. 누군가가 시작하기 전에 내가 먼저 시작하여 새로운 것을 찾아내거나 개발해야 한다. 헬리콥터맘에 의해 조종되는 사람보다는 자기 주도적으로 문제를 해결하고 변화에 적응해 나가는 인재를 원하는 것은 당연하다.

21세기에 요구되는 인재는 누군가가 대신해 주는 게 아니라 스스로 자신의 일을 찾아서 하는 사람이 필요하기 때문이다. "너는 공부만 해!"라고 하면서 모든 것을 대신해 주거나, 대학생인데도 불구하고 부모가 수강신청을 대신 해주는 것은 아이에게 의타심만 생기게 한다.

장 자크 루소의 『에밀』에서 '자식을 불행하게 만드는 가장 확실한 방법은 언제나 무엇이든지 손에 넣을 수 있도록 해주는 일이다'라는 말이 나온다. 아이들을 가르치는 입장에 있는 사람들은 아이들을 '정신적으로 물질적으로 독립할 수 있도록 도와주는 것'이 가장 훌륭한 교육이 아닐까 생각한다.

02
코치의 태도, 선입견 그리고 설렘

대화코칭을 위해서 코치의 태도는 아주 중요하다. 코치가 지녀야 할 태도에는 많은 것들이 있지만 그중 가장 중요하게 생각하는 것이 '선입견(先入見)'이다.

선입견이란 사람, 사물 등에 대하여 실제의 경험보다 미리 마음속에 부정확하게 알고 있는 정보를 바탕으로 형성된 고정적인 관념이다. 따라서 코칭을 받는 사람에 대한 잘못된 선입견을 가지고 있을 경우 대화코칭이 원활하게 이루어지기 어려울 뿐만 아니라 그 내용을 수정하기도 쉽지 않다.

가끔 부모님이나 선생님께서 아이와 대화코칭을 요청한다. 그리고 그 아이에 대한 상세한 정보를 제공하려고 말을 끄집어낸다. 그럴 때 필자는 다음과 같은 이야기를 한다.

"말씀하지 않으셔도 됩니다! 제가 아이에 대한 선입견이 생길 수 있습니다. 아이에 대한 선입견을 가지고 시작하면 아이에 대한 본질을 보기 어렵습니다. 그래서 대화코칭을 하면서 제가 아이를 조금씩 알아 가면 됩니다. 그래야 아이를 있는 그대로 볼 수 있고 아이의 가능성을 발견할 수 있습니다."

그러면 대부분의 선생님과 부모님은 그것을 인정하고 수긍하시면서 이야기를 그만두게 된다.

필자는 아이에 대한 모든 정보를 아이의 입을 통해서만 듣기를 원칙으로 한다. 아이의 입을 통해서 자신의 상태와 태도를 이야기하고 대화를 나누다 보면 생각보다 뛰어난 잠재력을 발견할 수 있다. 그리고 부모님이나 선생님들이 생각하지 못한 깊은 내면에 대해서 생각하고, 고민하고, 걱정하는 모습을 볼 수가 있다. 어른들은 아이들이 아무 생각 없이 살아가는 것처럼 보일지 모르지만 이것은 어디까지나 어른들의 시각으로 바라볼 경우다. 아이들은 어른들이 걱정하는 것 보다도 자신의 인생에 대해서 깊이 고민하고 걱정한다.

다음으로는 '아이에 대한 호기심, 설레는 마음'이다. '호기심'은 '새롭고 신기한 것을 좋아하거나 모르는 것을 알고 싶어하는 마음'을 말하고, '설레는 마음'은 '마음이 들떠서 두근거리는 것'을 말한다. 필자는 아이들과 코칭 약속을 정하고 나면, 아이가 어떤 생각을 풀어놓을지 어떤 잠재력을 발견할 수 있을지 기대하며 두근거리는 마음으로 만남을 기다린다. 코칭을 하면서 만난 아이들을 커다란 범주로 본다면 초·중·고등학생이 대부분이고 대학생 그리고 성인들도 가끔 있었다. 겉모습은 교복을 입혀놓고 학생이라는 신분이 비슷하게 보일지라도 몇백 명의 아이들과 대화코칭을 하면서 같은 성향을 가진 경우를 한 명도 보지 못했다.

이런 아이들을 데리고 입시와 성적에만 모든 초점을 맞춘다. 똑같은 교실, 교복, 교과서, 교육과정 때문에 정작 본래 아이가 가지고 있는 재능과 잠재능력을 파악하기가 어려워졌다. 학교에서나 사회에서 성적으로만 판단하고 선별하다 보면 아이들의 개인적 특성과 잠재능력을 발견하기는 쉽지 않은 일이다.

필자는 공부를 못하거나 학교나 가정에서 원활한 생활을 하지 못하는 아이도 대화코칭을 통하여 자신의 고민과 걱정을 풀어내는 것을 보았다. 아이와 대화를 할때마다 공감할만한 내용이 많고 아이의 잠재능력이 무한하다는 것을 항상 느끼고 있다. 세상에 태어나는 모든 사람은 한 가지 재능은 반드시 가지고 태어난다는 말에 깊이 공감하게 되었다.

아이와의 대화를 기다리면 항상 마음이 설렌다. 아이들의 잠재적 재능을 발견한다는 기쁨은 아무나 느낄 수 없다. 호기심이 가득한 마음으로 아이들과의 대화를 기다리는 것은 언제나 즐겁고 행복하다.

03
코칭모델의 필요성

처음에는 책과 자료를 통해 코칭공부를 시작하였다. 그러다가 코칭에 대한 교육이 있는 것을 알게 되었고 새벽 기차를 타고 서울에 있는 코칭교육기관에 가서 처음으로 교육을 받았다. 코칭에 대한 기본이론을 배우고 코칭모델의 기본이라고 할 수 있는 'GROW 모델'의 시범을 보았다. 그때 그 느낌은 이루 말할 수 없었다. '바로 이거야. 내가 찾던 거야!'라고 마음속에서 울려 퍼지는 것 같았다.

그 후 또 다른 코칭교육기관을 찾았다. (사)한국코치협회의 회원사로서 가입되어 있는 교육센터였다. 코칭의 역사와 규정 그리고 코치의 역할과 같은 기본적인 내용부터 제법 난이도가 높은 부분까지 새로운 코칭모델을 교육받았다. (사)한국코치협회에서 시행하는 자격인증과정에 응시하는 6단계 모델이라고 했다.

열심히 공부하고 실습을 했다. 아이들과 대화를 할 때면 혹시나 순서를 잊어버릴까봐 손바닥에 적어 놓은 것을 보면서 대화코칭을 진행했다. 이러한 코칭모델은 분명 효과가 있었다. 방향성을 잃어버렸을 때 아이에게 길잡이가 되는 역할을 충분히 했다.

단순히 문제점을 해결하는 대화나 수다를 떠는 것과 달리 체계적인 형식에 맞추어 대화를 진행하면 목적과 방향성이 명확해지고, 대화코칭의 흐름이 다른 방향으로 흘러가는 것을 방지해 주었기 때문이다. 대화의 소재가 부족하거나 대화의 흐름이 원활하지 않을 때도 코칭모델의 형식에 맞추어 진행하다 보면 새로운 대안이 나타나서 원활히 진행할 수 있었다.

하지만 시간이 지나면서 대화코칭 모델에 대한 회의가 느껴졌다. 모든 대화를 코칭모델의 형식에 맞추어 진행하면서 '꼭 이렇게 해야 하나?'라는 의문이 생겼다. 형식에 지나치게 얽매이다 보니 진짜 하고자 하는 대화를 놓쳐버리기 일쑤였다. 아이의 감정과 느낌을 받아들여야 하는데 형식에 맞추어 대화를 진행하면서 아이의 감정을 보살필 여유가 없어 핵심마저 놓치곤 했다.

그러는 도중 가슴 깊이 다가온 단어가 있었다. 코칭에서 강조하는 신뢰, 공감, 경청, 질문이었다. 코칭모델의 과정을 따르지 않고도 이 네 가지만 제대로 실행한다면 충분히 잘될 것 같았다. 아이들의 마음을 헤아리면서 신뢰를 쌓아가고 원하는 방향으로 갈 수 있도록 도와줄 수 있을 것 같았다. 아이들의 이야기를 열심히 들어주면서 공감하고, 가끔 궁금한 점이나 아이의 발전에 필요한 질문을 하는 것으로 진행하였다.

한동안은 잘 진행되었다. 신뢰, 공감, 경청, 질문만으로도 대화코칭은 충분한 듯했다. 그런데 가끔 코칭모델을 사용하지 않을 경우에 대화의 방향성을 잃어버리는 경우가 생기기 시작했다. 대화의 방향을 잡지 못하고 현재 어느 곳에 있는지 파악하지 못한 채 진행되는 경우가 생기면서 다시금 코칭모델의 중요성을 인식하게 되었다.

필자의 경험으로 보아 시간이 조금 걸리더라도 대화코칭 모델을 숙달시켜 대화에 임하는 것이 중요하다. 대화코칭을 할 때 아이의 감정에 몰입되는 일에서 쉽게 벗어날 수 있으며, 대화의 방향과 목표를 향해 쉽고 빠르게 접근할 수 있는 길을 만들어 주기 때문이다.

지금은 GROW 코칭모델의 절차를 기반으로 신뢰, 공감, 경청, 질문을 사용하여 아이들과 대화를 한다. 많은 시간을 들여서 대화를 나누어야 할 경우에도 1회 또는 2회 정도면 쉽게 코칭세션을 마칠 수 있게 되었다. 더 효율적인 대화코칭이 진행되고 있는 것이다.

반드시 코칭모델을 사용하여 그 순서에 따라 대화를 할 필요는 없다. 상황에 따라 코칭모델에 집중하기도 하고 때로는 코칭모델 단계를 배제한 채 신뢰, 공감, 경청, 질문을 중심으로 진행한다. 때때로 특별한 형식이 필요하긴 하지만, 그렇다고 너무 형식에 얽매여서 본질을 벗어나지 말고 융통성 있게 진행할 것을 권장한다.

04
GROW 코칭모델의 특징

　　　　　　　　　　대표적인 코칭모델로는 가장 기본적으로 권장하는 'GROW 모델'이다. 그리고 GROW 모델을 확장한 'GRROW 모델', (사)한국코치협회에서 인증자격 시험을 칠 때 사용하는 코칭 6단계 모델이 있으며 그 외에도 'STORM 모델', 'DROP 모델', '깔때기 모델(Coaching Funnel)' 등이 있다. 이 장에서는 대표적인 GROW 모델을 중심으로 설명하고 간단하게 6단계 모델과 비교하여 설명하고자 한다.

　6단계 모델은 GROW 모델을 기반으로 확장한 모델이라고 보면 된다. 아래 표에서 보면 6단계 모델은 GROW 모델에서 신뢰감 형성과 변화 저항이 포함되어 있다. 신뢰감 형성은 코칭뿐만 아니라 상담과 같은 다른 분야 또는 처음 만나는 사람과의 대화를 위해서도 필요한 내용이다. 그래서

GROW 모델에서 없다고 해도 반드시 해야 하는 부분이다. 변화저항 부분은 GROW 모델을 자세하게 살펴보면 4단계 실행 의지에 포함되어 있는 것을 볼 수 있다.

GROW 모델	(사)한국코치협회 권장 모델
1단계 목표 설정 (Goal) 2단계 현실 점검 (Reality) 3단계 대안 탐색 (Options) 4단계 실행 의지 (Will)	1단계 신뢰감 형성 (Rapport) 2단계 목표 설정 (Goals) 3단계 현실 점검 (Reality) 4단계 대안 탐색 (Options) 5단계 변화 저항 (Resistance) 6단계 실행 의지 (Will)

GROW 모델의 특징은 아주 객관적이고 실용적이며 행동 지향적이다. 실생활에서 실질적인 일을 해결하기에 적합한 모델이다. 새로운 것을 시작하거나 아주 작은 습관을 형성할 때, 학업 또는 일의 능률을 향상시키기에 아주 좋다.

특히 시간이 부족하여 아주 짧은 시간에 아이들과 대화를 나눌 경우에 위력을 발휘하기도 한다. 필자의 경우 이 모델을 통해 학습문제부터 시작해서 시간 관리, 스마트폰 문제로 바꾸어 가며 10분 만에 대화코칭을 완성시켰던 경험이 있다. 모델의 형식이 간단하면서 짧은 시간에 대화코칭을 완성시킬 수 있는 장점이 있어 필자가 가장 선호하는 모델이기도 하다.

대화코칭을 하기 위해서는 단계별로 생각해 보는 것도 중요하지만 전체적인 그림을 그리는 것도 중요하다. 필자가 코칭모델을 사용하여 아이들과 대화를 나눌 경우 1회기 세션 동안에 전체 과정을 완성하는 경우도 있었다.

때로는 신뢰감을 형성하기 위해 몇 회기를 투자하여 많은 시간이 걸리기도 했다. 아이와 신뢰관계가 잘 형성된 경우에는 이후 과정이 별 어려움 없이 진행되었고, 처음부터 코치와 아이와의 신뢰가 제대로 형성되지 않고 다음 단계로 넘어갔을 때는 많은 어려움이 있었다.

필자는 아이와 처음 만나기 전에 아이에 대한 정보를 얻으려고 노력하지 않는다. 사전에 얻은 정보로 아이에 대한 선입견이 신뢰관계를 형성하는 데 방해가 되기 때문이다.

05
GROW 코칭모델의 단계

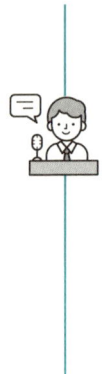

GROW 코칭모델을 사용하기 위해서는 먼저 코칭환경을 조성해야 한다. 코칭환경을 조성하기 위한 첫 번째는 신뢰감을 형성하는 것이다. 아이와 신뢰감이 형성되지 않은 상황에서 대화코칭을 시작하는 것은 실패할 가능성이 크다. 따라서 반드시 신뢰감 형성에 초점을 맞추고 시작하여야 한다.

대화코칭을 위해 각 단계에서 얼마의 시간을 투자해야 할까? 대화코칭을 하다 보면 제한된 시간 때문에 대화가 원활하게 진행되지 않는 경우도 발생한다. 아이와 대화를 해야 할 내용은 많고 시간이 부족하다 보면 코칭(coaching)이 아니고 티칭(teaching)이 되기 쉽다.

대화코칭을 할 경우에는 시간에 대한 강박관념을 가지지 말고 상황에 따라 적당하게 시간을 조절하는 것이 좋다. 한 명의 아이도 똑같은 경우가 없기 때문에 그때마다 상황에 따라 융통성 있게 조절하는 것이 중요하다.

GROW 코칭모델은 목표 설정(Goal), 현실 점검(Reality), 대안 탐색(Options), 실행 의지(Will)의 단어 첫머리글자를 각각 따서 만든 합성어로 '성장한다(grow)'는 의미를 가지고 있다. 지금부터 각 단계에 대한 내용을 알아보고자 한다.

〈1단계 : 목표설정(Goal) ― 주제 정하기〉

이 단계는 대화코칭의 주제(목표)를 정하는 것이다. 대화코칭의 나침반 역할을 하는 가장 중요한 부분이다. 코칭의 주제는 코치가 정하는 것보다 아이가 직접 정하는 것이 좋다. 아이가 목표를 정하는 것은 대화코칭에 대한 책임감을 부여할 수 있기 때문이다. 코칭 철학의 두 번째 '그 사람에게 필요한 해답은 모두 그 사람 내부에 있다'라는 패러다임을 기초로 스스로 문제를 찾고 해결할 수 있도록 도와준다.

코칭의 주제를 정하는 것은 생각보다 쉽지 않다. 아이들은 자신에 대한 이해도가 낮으며 아이들 나름대로 학업, 교우관계, 가족관계 등 다양하고 복잡한 문제점을 고민하고 있기 때문이다. 성인들이 보았을 때 별것 아닌 내용도 많겠지만 아이들의 수준에서는 심각한 고민일 수도 있다.

때때로 주제가 명확하게 정해지지 않고 진행되는 경우도 있다. 아이들의 생각이 명확하지 않기 때문이다. 주제가 뚜렷하지 않으면 대화코칭은 순조롭게 진행되기가 어렵다. 대화의 방향성을 잃어 우왕좌왕하기도 하며 한정된 시간 동안 충분한 대화를 나누기가 어렵다. 대화코칭의 주제가 명확하게 정해졌어도 진행하는 도중에 생각이 바뀌어, 코칭세션이 여러 번 지났음에도 불구하고 새롭게 주제를 정하는 경우도 발생한다. 주제를 정하기는 쉽지 않지만 대화코칭의 나침반의 역할을 하는 만큼 신중을 기해야 한다.

다음은 코칭의 주제를 정하기 위해 'SMART 기법'을 많이 사용한다. 이 SMART 기법은 마지막 실행 의지(Will) 단계에서 사용해도 좋다.

S — Specific(구체적이고 명확하게)

M — Measurable(측정 가능하게)

A — Achievable(성취 가능하게)

R — Realistic(실현 가능하게)

T — Timely(시간제한을 분명하게)

대표 질문

- 오늘 코칭을 하면서 이야기하고 싶은 것이 무엇이니?
- 요즈음 네가 가장 힘든 일이 무엇이니?
- 네가 더 발전하는 데 필요한 것은 무엇이니?
- 대화를 통해서 해결하고 싶은 것은 무엇이니?
- 코칭을 신청한 이유가 무엇이니?
- 오늘 대화가 끝날 때 어떻게 바뀌고 싶니?

- 오늘 대화를 마치면 어떤 결과가 있으면 좋겠니?
- 오늘 대화를 통해서 얻고 싶은 결과가 무엇이니?
- 여러 가지 고민 중에 가장 먼저 이야기 하고 싶은 것은 무엇이니?

〈2단계 : 현실점검(Reality)〉

현실점검은 아이들이 처해있는 현재 상황을 파악하는 단계이다. 코칭목표와 관련된 사항들을 구체적으로 잡아내는 부분이자 현재 아이들이 처해있는 사실과 감정에 대해 파악하는 부분이다. 아이들은 현재 상황에 대해 부정적이고 힘들어하는 경우가 많다. 따라서 아이들의 이야기를 많이 들어주는 경청과 공감의 위력을 발휘하는 단계이기도 하다.

이 단계에서는 코치가 아이들의 이야기를 경청하면서 코치의 가치관과 판단으로 대화의 내용을 재단하지 말고 아이들의 생각을 있는 그대로 받아들이는 것이 중요하다. 코치가 아이들의 이야기를 중립적인 위치에서 경청하지 않을 경우 아이는 그 대화에서 도망가려는 성향을 띄게 된다. 코치가 가지고 있는 가치관과 신념에 기초하여 대화를 하되 성급한 판단을 하지 않도록 해야 한다.

또한 "예", "아니요"라는 대답으로 유도하는 폐쇄형 질문이나 유도 질문을 하지 않도록 한다. 폐쇄형 질문이나 유도 질문을 지속하게 되면 코치의 생각대로 아이를 다그치는 것 같은 모양새가 나오게 된다. 이렇게 되는 경우 아이는 입을 다물게 되고 대화코칭이 원활하게 진행되기 어렵다.

　이 부분에서는 아이들의 상태를 점검하기 때문에 코칭세션 중 가장 많은 시간이 든다. 아이들의 감정 상태를 잘 읽고 인정해 주면서 다양한 각도로 현재 상황을 점검할 수 있도록 도와야 한다.

> **대표 질문**
> - 지금 너에게 가장 필요한 것이 무엇이니?
> - 지금 너의 상황을 자세하게 설명해 보겠니?
> - 현재 너의 장단점을 이야기해 줄래?
> - 만약 네가 친구(부모)의 입장이라면 어떻게 하겠니?
> - 만약 너의 가장 친한 친구라면 어떤 말을 할 것 같니?
> - 지금 무엇을 해야겠다는 생각이 드니?
> - 지금 너에게 가장 소중한 것은 무엇이니?
> - 학교에 다니는 이유가 무엇이니?
> - 공부하고자 하는 이유가 무엇이니?
> - 만약에 네가 10년 후라면 어떻게 하겠니?
> - 10년 후 네가 현재의 너에게 조언을 한다면 무엇이라고 말해주고 싶니?

〈3단계 : 대안탐색(Options)〉

이 단계는 잠재적인 해결 방법을 도출하는 부분이다. 아이들이 이야기하는 내용에 대해서 코치가 자의적으로 판단하여 대화를 중단시키는 상황이 없어야 한다. 아이들이 어떤 이야기를 하더라도 수용하는 자세가 중요하다. 다소 논리에 맞지 않고 엉뚱한 이야기일지라도 일단 받아들이고 더 많은 대안이 나올 수 있도록 해야 한다.

때로는 아이들이 가지고 있는 정보와 지식이 부족하여 대안을 찾지 못할 경우도 있다. 이럴 경우에도 아이들에게 "조금만 더 생각해봐!", "예전에 좋은 경험이 대해서 생각해봐!", "그리고 또?"라는 말 등으로 독려하면서 아이들이 자신의 경험에 비추어 대안을 찾을 수 있도록 도와야 한다.

이렇게 했는데도 아이가 방법을 찾아내지 못한다면 코치가 대안을 제시해주는 것도 좋은 방법이다. 처음부터 대안을 제시하는 것이 아니라 최대한으로 노력했는데도 불구하고, 더 이상 아이의 능력으로 대안이 나오지 않겠다는 판단이 생겼을 경우나 아이들이 답을 달라고 요청하는 경우에 예시의 형태로 제시할 수 있다.

이럴 경우에도 한 가지 대안만 제시하는 것이 아니라 아이에게 여러 가지 대안을 제시함으로써 선택과 결정을 아이에게 맡기는 것이 좋다. "만약에 A 방법, B 방법, C 방법, D 방법이 있다면 너는 어느 것을 선택하고 싶니?", "그리고 그 방법을 선택한 이유가 무엇이니?"라고 하면서 대안을 찾을 수 있는 물꼬를 틔우는 것도 좋다. 사실 코치가 대안을 제시하는 것은 최대한 자제해야 하지만 아이들은 생각보다 지식과 정보 그리고 경험이 부족하기 때문에 상황에 따라 이런 방법을 사용하는 것도 무방하다.

주의할 점은 추상적이거나 현실성이 없는 대안에 집중하지 않도록 하는 것이다. 아이들은 현실과 이상에 대해 구분하지 못하는 경우가 있다. 자기 생각 속에서 상상의 나래를 펼치며 그 부분에 대해 현실적으로 가능한 것인 지를 잘 판단하지 못한다. 따라서 아이들이 현실적으로 가능한 부분에 대해 집중할 수 있도록 도와야 한다.

대표 질문

- 지금까지 했던 내용을 실행하기 위해 어떤 방법을 사용하면 좋겠니?
- 지금 무엇을 해야겠다는 생각이 드니?
- 어떤 방법을 사용하면 가장 좋을 것 같니?
- 지금까지 생각해보지 못한 새로운 방법이 있다면 어떤 것이 있을까?
- 지금 해야 할 가장 중요한 일이 무엇이라고 생각하니?
- 만약 1년 동안 학교를 쉰다면 어떻게 생활하고 싶니?
- 지금 용기가 있다면 무엇을 하고 싶니?
- 만약 모든 것이 성공한다면 지금 무엇을 해보고 싶니?
- 그 이외에 또 어떤 방법이 있을까?
- 지금 이야기한 방법 이외에 3가지만 더 생각해봐!
- 만약 요술램프 속의 마법사 지니에게 부탁하고 싶은 것이 있다면 무엇이니?
- 만약 10년 후 29살이 되었다면 가장 해보고 싶은 것이 무엇이니?
- 이때까지 나온 내용 중에 꼭 한가지만 선택하라고 한다면 무엇을 하고 싶니?
- 그리고 또?

〈4단계 : 실행 의지(Will)〉

3단계 대안탐색에서 선호하는 해결책을 실질적인 행동으로 옮길 수 있도록 돕는 단계이다. 코치는 아이가 선택하고 결정한 대안에 대해서 책임감을 느끼고 행동으로 옮길 수 있도록 해야 한다. 아무리 좋은 대안을 찾았다고 하더라도 행동으로 옮기지 못하면 그동안의 대화코칭은 쓸모없게 되어 버린다.

아이가 결정한 내용을 행동으로 옮길 수 있는 가능성을 높이기 위해서는 다음에 만날 때까지 피드백하는 방법이 있다. 아이들이 자신의 성취결과에 대해 자랑하기 위해 직접 찾아오는 경우가 대부분이지만 가끔은 SMS 문자나 카카오톡을 이용한다. 이때는 진행과정에 대한 질문도 하고 격려를 해주며 아이에게 용기와 희망을 주도록 노력한다.

아이들이 행동으로 옮길 수 있는 가능성을 점수화하여 지표로 삼는 것도 좋다. "만약에 행동으로 옮기지 못하면 '0'점, 완벽하게 행동으로 옮겼을 때 '10'점을 준다면 너는 몇 점을 줄 수 있겠니?"와 같은 질문을 사용해서 아이가 최대한 8점 이상이 나오도록 유도하는 것도 좋은 방법이다. 필자의 경험으로 보았을 때 아이가 10점이라고 대답을 해도 행동으로 옮길 가능성은 크지 않다. 그래서 8점 이하가 나오면 그 이상이 될 수 있도록 방해되는 요소를 점검하고 해결방안을 모색할 수 있도록 도와주어야 한다. 방해되는 요소가 혼자서는 해결하기 어려워질 때 누구에게 도움을 요청할 것인지 정하는 것도 중요하다. 대부분의 아이들은 선생님이나 부모 또는 친구에게 도움을 요청하겠다고 한다.

자신의 입으로 대화코칭의 내용을 요약 정리해서 마무리를 짓게 하는 것도 좋은 방법이다. 아이 스스로 생각을 정리하게 함으로써 행동으로 실행할 수 있는 가능성을 높여 주기 때문이다.

여기에서도 목표설정(Goal)에서 이야기한 SMART 기법을 사용하면 좋다. 무엇을 할 것인지 구체적이고 명확하게 표현하도록 돕고(Specific), 실행하고자 하는 내용이 측정 가능해야 하며(Measurable), 성취할 수 있게 하려면 무엇을 할지(Achievable), 실현할 수 있게 하려면 어떤 도움을 받을지(Realistic) 그리고 그것을 언제까지 완성시킬지에 대해(Timely) 분명하게 대화를 나누어야 한다. 이렇게 하면 아이는 자신이 선택하고 결정한 부분에 대해서 책임감이 생기게 되고 실행할 가능성이 커지게 되는 것이다.

주의할 점은 행동으로 옮기기 위해 방해되는 요소를 점검하는 것이다. (사)한국코치협회 권장 모델에서는 5단계로 변화 저항(Resistance)이라는 단계를 별도로 넣을 정도로 중요하다. 예측하지 못한 상황에 대한 대처능력을 향상시키기 위해 가능한 최대로 방해되는 요소를 점검한다. 그것을 어떻게 해결해 나갈지 충분한 대화를 한다면 아이들이 행동으로 옮길 가능성이 커진다.

대표 질문

- 앞으로 대안을 실행하기 위해 방해가 되는 것은 무엇일까?
- 무엇을 바꾸면 행동하기 쉬워지겠니?

- 만약에 행동으로 옮기기 어려울 때 누구에게 도움을 요청하면 좋을까?
- 행동으로 옮기는 데 필요한 것이 무엇이니?
- 오늘 대화코칭에서 얻은 것 중 가장 중요한 것 하나를 말한다면 무엇이니?
- 만약에 행동으로 옮기지 못하면 '0'점, 완벽하게 행동으로 옮겼을 때 '10'점을 준다면 너는 몇 점을 줄 수 있겠니?
- '8'점만 준 이유가 무엇이니?
- 만약에 '10'점으로 향상시켜야 된다면 너는 어떻게 하면 되겠니?
- 언제까지 하고 싶니?
- 마지막으로 하고 싶은 이야기가 있니?
- 다음에 만날 때까지 무엇을 하고 싶니?
- 오늘 이야기한 내용을 요약정리 해보겠니?
- 오늘 이야기 하면서 느낀 점이 있다면 무엇이니?

62
부록

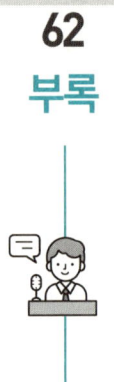

　　　　　　　　　　다음은 '진로-학습 집단코칭 프로그램'
이다. 상황에 따라 10차시로 줄여서 하는 경우도 있으며 순서를 바꾸기
도 한다. 가장 중요한 것은 아이들이 스스로 이야기를 많이 하게 돕는 것
이다. 그리고 자신의 이야기뿐만 아니라 친구의 이야기를 듣고 자신과
비교하여 다양한 생각을 할 수 있는 기회를 주는 것이다.

　이 프로그램을 8명에서 많게는 20여 명까지 진행해 보았다. 필자의 생
각으로는 12명 정도가 가장 적당한 것 같다. 인원수가 너무 적으면 아이
들이 자기 생각을 이야기하는 것을 부담스러워 하고, 너무 많은 인원수
는 프로그램 진행이 산만해지기 때문이다.

　이 프로그램을 진행하기 위해서는 반드시 선행되어야 하는 부분이 있

다. 바로 비밀보장이다. 특히 아이들의 사생활에 관해 이야기하기 때문에 비밀 보장 부분에 대해서 아이들에게 확답을 받아야 한다. 기본적으로 비밀보장에 대한 확인서를 받아야 하지만 너무 형식에 치우치는 것 같아, 아이들에게 비밀보장의 중요성과 동의 여부만 확인한다. 이렇게 하는 정도로도 아이들은 비밀보장에 대한 의무를 잘 지킨다. 아직까지 집단코칭을 하면서 이야기한 내용이 소문이 나서 구설수가 생긴 적은 없다.

'진로-학습 집단코칭 프로그램'

강좌명	**진로-학습 집단코칭**	수업 장소	진로진학상담실		
		지도교사			
대상	전 학년	수준	희망자	교재명	자체교재
선택 길라잡이	1. 진로-학습에 관하여 자신의 꿈과 끼를 발견하기를 원하는 학생에 추천합니다. 2. 자기 이해, 자기 계발을 통하여 잠재능력을 깨우고 싶은 학생에게 추천합니다.				
학습 목표	1. 진로-학습 집단코칭을 통하여 생애진로를 설계할 수 있다. 2. 자기 주도적 학습 역량을 개발할 수 있다. 3. 자신의 꿈과 비전을 찾아갈 수 있는 역량을 개발할 수 있다.				
운영 계획	• ○요일 1회 2시간 / 총 12회 (24시간) • 토의, 발표 및 질문 중심으로 수업 운영				
횟수	학습 목표 및 수업 내용				
1회차	• 간단한 게임을 통하여 구성원 간의 신뢰를 형성한다. • 자기소개를 통하여 자신을 드러내는 과정에서 자신을 돌아보는 기회를 가진다.				
2회차	• 우리 가족 그림 그리기를 통하여 자신을 이해하고 자신의 존재를 인식한다. • 자신의 심리상태와 학습유형에 대해 발표한다.				

3회차	• 나의 장단점을 작성하면서 자기 이해를 돕는다. • 일일학습 계획표 작성 요령 익히기(학습 플래너 작성법—공부 곡선 그래프)
4회차	• 간단 MBTI 성격유형검사를 통하여 자신을 이해하는 과정을 가진다. • '만약 내가 40살이라면' 자서전 작성하고 발표한다.
5회차	• 학습에 대한 집중력의 정도를 점검한 후 토론한다. • 지역신문에 자신의 사망소식에 대한 신문기사 작성
6회차	• 자신의 독서 능력을 점검하고, 읽기와 글쓰기의 중요성과 방법에 대해 실습한다. • 5분 전 5분 후 학습법을 익힌다.
7회차	• 자기 주도 학습능력 검사를 통하여 자신의 학습역량을 확인한다. • 직업카드를 통하여 자신에게 알맞은 직업이 무엇인지 알아본다.
8회차	• 자신이 청각적, 시각적, 운동 감각적 학습유형 중에 어디에 속하는지 파악한다. • 모의고사 성적표 분석을 통해 자신의 학습역량 강화한다.
9회차	• 시간 관리 점검 프로그램을 통하여 시간 사용에 대해 점검한다. • 잠자기 30분 전 학습법 요령을 익히고 실천하게 돕는다.
10회차	• 자신만의 학습 계획을 작성한 후 발표한다. • 일기, 독후감, 감상문 쓰기의 요령을 익힌다.
11회차	• 나의 사명 선언문을 작성한다. • 생애진로를 설계하면서 인생의 로드맵 작성한 후 발표한다.
12회차	• 프로그램 기간 동안 자신이 변한 점, 이해한 점 등 소감문을 작성한 후 발표한다.

마치는 글

"엄마와 싸웠어요!"
"아이와 싸웠어요!"

아이들과 대화코칭을 하거나 가끔 부모님과 대화를 하다 보면 서로 싸웠다는 이야기가 나옵니다. 부모와 자식 간에 '싸우다'라는 표현이 과연 적절한지 생각해보아야 합니다. '싸우다'는 서로 동등한 입장이 되어서는 상황에서 우열을 가리기 위해 행하는 것이 싸우는 것입니다. 부모와 아이가 싸우는 것은 부모와 아이가 동등한 입장이라는 것인데 이것이 과연 타당한 말일까요?

아이를 교육시킬 때 부모와 아이가 동등한 입장에서는 안 된다고 생각합니다. 즉, 싸워서는 안 된다는 것입니다. 아이와 싸우게 되면 많은 것을 잃게 됩니다. 부모와 아이 간의 신뢰를 잃을 수 있고, 아이를 지도하거나 교육을 할 수 있는 기회를 잃을 수 있습니다. 부모로서 권위를 잃을 수도 있습니다.

아이와 싸우게 되면 대체로 부모가 먼저 '화(火)'를 내게 됩니다. 부모가 화를 내는 것은 아이에게 지는 것과 같습니다. 아이에게 소리를 지르는 것은 부모가 아이에게 논리적으로 졌기 때문입니다. 논리적인 대화가 불가능하기 때문에 불같이 화를 내며 방어벽을 치는 것입니다. 부모뿐만 아니라 아이들을 가르치는 모든 분들이 여기에 해당한다고 생각합니다. 부모 스스로 부족한 면을 드러내는 것입니다. 따라서 아이와 싸우는 것은 득(得)보다는 실(失)이 더 많습니다.

싸우는 것이 아니라 아이를 낳고 길러준 부모로서, 세상을 더 많이 살아온 선배로서, 더 많은 지식과 경험을 가진 선지자와 같이 아이를 가르치고 교육해야 합니다. 그런데 부모와 아이가 싸우는 것은 왜 그럴까요? 필자는 부모가 행복하지 않기 때문이라고 생각합니다. 행복하지 않은 상황에서는 마음의 여유가 생길 수 없습니다. 부모가 행복하고 마음의 여유가 있다면 아이들 입장에서 이야기를 들어주고 이해하면서 아이들의 생각을 겸허하게 받아들일 수 있습니다.

컵 속에 물이 가득 찬 상태에서 더 많은 물을 넣으면 흘러넘치듯 부모가 여유가 없는 상황에서는 부모의 마음속에 아이의 이야기가 들어앉을 자리가 없습니다. 그렇지만 컵 속에 물이 조금 비어 있으면 더 채울 수 있는 것과 같이, 부모의 마음속에 여유가 있다면 아이들의 이야기로 가득 채울 수 있을 것입니다.

　부모의 마음속에 채워져 있는 것 중에는 아이에 대한 부모의 욕심이 가장 많습니다. 가끔 부모님들께서 "저는 욕심이 없어요", "아이에 대한 욕심을 다 비웠어요"라고 이야기하지만 스스로도 인식하지 못한 상태에 있는 것을 볼 수 있습니다. 아이에 대한 욕심이 가득 찬 상태에서는 아이의 이야기를 제대로 들을 수가 없습니다. 아이가 진정 원하는 것이 무엇인지 말입니다. 부모는 스스로 욕심을 내려놓고 마음을 비운 상태에서 아이들과 대화를 시도해야 합니다.

　아이들의 이야기를 듣는 것은 내 마음속의 컵을 채우는 것과 같습니다. 바쁘고 긴장되는 생활 속에서 꽉 찬 마음으로 대화를 할 것이 아니라 평소에 나의 마음을 돌아보고 다스려서 아이와 대화할 준비가 되어 있을 때 대화를 시도해야 합니다.

　부모의 마음이 편안하고 행복해지면 아이들도 그것을 느낍니다. 오래된 친구와 같이 마음을 틀어 놓고 대화를 할 수 있다는 것을 아이들은 곧바로 알아차립니다. 부모와 자식 사이에는 눈에 보이지 않는 연결고리가 있기 때문입니다.

　부모님의 가슴 속에 있는 컵을 비운 상태에서 신뢰, 공감, 경청, 질문을 통하여 아이들과 행복한 대화가 이루어지는 것이 저의 작은 바람 중 하나입니다. 그래서 아이들이 행복했으면 좋겠습니다.

　'부모의 마음속에 있는 컵에 물을 비우고 아이들의 이야기로 채워보자!'